Das Buch

Das Leben einfacher Menschen, die Not des Alltags, die ländliche Idylle, die Klänge der Stadt stehen im Mittelpunkt dieser »inneren Biographie«. Der volks- und heimatzugewandte Erzähler Karl Heinrich Waggerl schildert anschaulich und ergreifend seine einerseits traurigen, andererseits abenteuerlichen Erlebnisse seit seiner frühesten Kindheit. Neben den Erinnerungen an seine ärmliche Jugend beschreibt er die Natur, das bäuerliche Dorf- und Landleben seiner Bergheimat im natürlichen Jahreslauf. Karl Heinrich Waggerl plaudert über Kindheit und Jugend, über die Eltern, das Eiermalen, Liebhabereien ... – und das alles mit einer Portion besinnlichen Humors.

Der Autor

Karl Heinrich Waggerl, am 10. Dezember 1897 in Bad Gastein geboren, am 4. November 1973 in Schwarzach im Pongau gestorben, Sohn eines Zimmermanns, besuchte das Lehrerseminar in Salzburg. Er war Offizier im Ersten Weltkrieg und lebte nach seiner Rückkehr aus italienischer Kriegsgefangenschaft 1920 als freier Schriftsteller in Wagrain.

dtv großdruck

Karl Heinrich Waggerl:
Das Lebenshaus
Eine innere Biographie

Herausgegeben von
Dino Larese

Deutscher
Taschenbuch
Verlag

Von Karl Heinrich Waggerl
ist im Deutschen Taschenbuch Verlag erschienen:
Die Pfingstreise (2569)

Mai 1988
3. Auflage April 1995
Deutscher Taschenbuch Verlag GmbH & Co. KG,
München
© 1956 Verlags-AG Die Arche, Zürich
ISBN 3-7160-1384-6
Umschlaggestaltung: Celestino Piatti
Gesamtherstellung: C. H. Beck'sche Buchdruckerei,
Nördlingen
Printed in Germany · ISBN 3-423-25007-0

Inhalt

Das erfüllte Leben 7

I
Über das Österreichische.............. 11
Kindheit und Jugend 16
Meine Eltern 25
Klang einer Stadt 37
Eiermalen 64
Freundschaft mit Büchern 70

II
Der Berg 79
Liebhabereien 92
Alte Karten 94
Goethes Großvater als Blumenzüchter... 97
Gemeine Brunelle 105
Grashalm 106
Der Bergbauer spricht 107
Advent 112
Unsachliches über einen Maler 123

III
Blick in die Werkstatt 129
Über das Vorlesen 142
Intermezzo 147

Aus einem Reisetagebuch 147
Lob der Schweiz 150
Goslar 152
Begegnung mit dem Genius 157
Kleine Münze 161

IV
Daran glaube ich 167
Ungereimtheiten 171

V
Anhang
Ausschnitt aus Manuskript 175
Begegnung mit K. H. Waggerl 177
Quellennachweis 183

Das erfüllte Leben

»Nur ein erfülltes Leben gibt einem Menschen wirklich Wert und Festigkeit in seinem Wesen, nicht Bildung oder feine Lebensart oder was wir sonst noch für wichtig halten – nur ein erfülltes Leben. Ein Mensch muß ins Ganze wachsen wie ein Baum, der sich streckt bis zum Äußersten seiner Gestalt und keinen Zweig in seiner Krone verkümmern läßt, den ihm der Himmel zu tragen erlaubt. Was uns ansteht, will getan sein, nicht nur gedacht. Wohin führt uns am Ende alles Geschwätz über Gott und die Welt, kann es uns trösten, zufriedener machen, weiser? Heute noch, wenn ich einmal abends über die Felder laufe, mit meiner Unruhe im Leibe, und ich treffe den Nachbar unterwegs und lehne mich eine Weile neben ihm auf den Zaun, dann ist, was mir der Mann sagen kann, freilich keine Offenbarung für mich. Er hat auch nur Sorgen, er denkt an sein Korn, oder eine Kuh wird kalben, darauf läßt sich nichts Geistvolles erwidern. Und doch, es rührt mich an, es ist kein hohler Mund, der da plappert, sondern ein ganzer Mensch redet aus seiner runden Fülle und Breite seiner Welt. Und nun mit einem Male bin ich selber nicht mehr so verzagt, ich gehe heim und nehme auch meine Arbeit wieder auf.«

I

Über das Österreichische

Auf Reisen und im Umgang mit meinen Besuchern habe ich häufig ein umständliches Für und Wider hinsichtlich unserer österreichischen Lebensart auszufechten, so oft, daß ich mir vornahm, einmal bei müßiger Zeit etwas über diesen Gegenstand aufzuschreiben. Ich bin ja meiner Herkunft nach nicht ganz unberufen für ein solches Unternehmen, und wenn ich sorgfältig alles ausscheide, was ich nach und nach selber an meinem Charakter verdorben habe, müßte sich mein eigenes Wesensbild ungefähr mit dem eines typischen Österreichers decken. Freilich merke ich da gleich, daß dieses Bild um so schwieriger zu fassen ist, je genauer ich es betrachte. Ich werde mich also des Kunstgriffes bedienen müssen, meinen Österreicher heimlich Zug um Zug mit einem sozusagen normalen Menschen, etwa norddeutscher Prägung, zu vergleichen.

Am auffälligsten scheint mir, daß die Lebensführung des Österreichers von einem wunderlichen Dilemma beherrscht wird, einerseits von dem ängstlichen Gefühl, daß im Ablauf der Dinge immer auch etwas Drohendes, Unberechenbares mitwirke, und anderseits von der wehmütigen Einsicht, daß es ja doch vergeblich sei, dagegen anzukämpfen. Die Sprache meines Landes drückt das in zwei Redensarten aus: »Da muß was g'schehn« und »da kann man halt nichts machen«.

Dieses ständige Schwanken, diese Scheu vor endgültigen Entschlüssen, überhaupt vor allem, was scharfe Konturen hat, das bringt den Österreicher in den Ruf, unzuverlässig zu sein. Freilich trägt ihm seine Schwäche auch wieder den Nutzen ein, daß er eigentlich nirgends in der Welt Feinde hat. Denn überall verzeiht man dem Nächsten lieber seine Fehler als seine Vorzüge.

In Wahrheit ist der Österreicher gar nicht so unsicher, er ist nur vorsichtig. Das Schicksal hat ihn an Gefahr gewöhnt, immer mußte er, und muß auch heute noch vieles gegeneinander abwägen. Die Natur selber ist nirgends genau, wie sollte es der Mensch in seinen Entschlüssen sein können! So wurde der Österreicher zum Meister der Improvisation, der Kunst, sich mit dem jeweils Gegebenen einzurichten. Dazu braucht er nun Zeit, oder er gebraucht sie, indem er sie aus sich selber wirken läßt. Nichts haßt der Österreicher so sehr wie Hast, wie überstürztes Handeln. Das rechnet man ihm wiederum als Faulheit an. Aber vielleicht macht er sich nur die einfache Erfahrung zunutze, daß es im Grunde einerlei ist, ob man selber läuft oder die Dinge laufen läßt – eine Tatsache, die ja vor kurzem auch von der Wissenschaft entdeckt wurde. Oft werde ich auf Reisen von atemlosen

Leuten gefragt, wie es denn bei mir daheim mit der Arbeit stünde, mit dem Vorankommen, dem Wiederaufbau. Ich sage dann gern, wir seien noch mit den Schäden aus dem Türkenkrieg beschäftigt, mit den neuen hätten wir uns noch gar nicht befassen können.

Unerschöpflich ist die Geduld, mit der der Österreicher seine eigenen Schwächen erträgt. Er betrachtet eben das Dasein als ein Gefüge, das sich mit Sinn und Widersinn im Gleichgewicht hält. Wahrscheinlich hat er wohl auch im jahrhundertelangen Umgang mit seinen östlichen Nachbarn etwas vom Fatalismus des Orientalen ins Blut bekommen, zudem aber liebt er es, das nüchterne Materielle zu vermenschlichen, zu beseelen. Als ich unlängst einmal auf einer kleinen Station den Vorstand fragte, wann denn endlich dieser Zug zu erwarten sei, da sagte der Mann mit einem versonnenen Blick auf die Uhr: »Ja, so um drei kommt er gern!«

Der Österreicher liebt ja sein Land, inbrünstig sogar, obwohl er ständig nörgelt und um so weniger Gutes gelten läßt, je wohler er sich fühlt. Aber freilich wäre er arg gekränkt, wenn ihm etwa ein Auswärtiger dabei recht geben wollte. Alles Übersteigerte, Pathetische empfindet der Österreicher als peinlich, weil er im Grunde seines Herzens verschämt ist. Trotzdem läßt er sich leicht begeistern und rühren und gefällt sich dann selber darin wie ein Schauspieler. Im gleichen Augenblicke aber, eben aus Scham, ist er imstande, das Preisgegebene ironisch zu verzerren.

Die Fähigkeit, sich in andere Menschen hineinzufühlen, hat er bis zur Selbstentäußerung, und das ist wohl auch in der Hauptsache, fürchte ich, was seinen oft gerühmten Charme ausmacht. Daher stammen zum Beispiel auch die seltsamen Formen der Höflichkeit in meinem Lande. Um nur allen Möglichkeiten gerecht zu werden, hat der Österreicher ein umständliches Zeremoniell des Grüßens entwickelt, derart, daß er mit einer unnachahmlichen Verwindung des Körpers an dem Begrüßten vorübergeht und sozusagen zur Auswahl eine Litanei von Redensarten murmelt, ein »Servus grüß Gott habe die Ehre meine Hochachtung wie geht's?«

Wenn ein Österreicher, von einem Gegner zum Entschluß gedrängt, zwei Möglichkeiten offen hat, dann wählt er gewöhnlich eine dritte. Ich kann diesen Vorgang gar nicht genau erklären, obwohl ich mich selber manchmal bei diesem Trick ertappe. Kürzlich ging ich einmal in der Stadt einen Gehsteig entlang, der nach der Straße zu durch eine Kette gesichert war. Plötzlich stand ich einem Menschen gegenüber, der mir scharf ins Gesicht sagte: »Man geht rechts!« Und nun ist es eben die pointenlose Wendung in der Geschichte, daß ich nicht rechts auswich, sondern ohne zu zögern über die Kette stieg und auf der Straße weiterging.

Immer lebt der Österreicher ein wenig über seine Verhältnisse. Es muß wohl Nestroy gewesen sein, der es fertig brachte, diesen Zustand in einem einzigen Satz auszudrücken. »Herrgott«, sagt Nestroy, »ich möcht' so leben können, wie ich leb!«

Und so geschah es auch, seit den Tagen des lieben Augustin. Merkwürdig genug, daß es dieses Völkchen überhaupt noch gibt, nachdem es doch von jeher und bei jeder Auseinandersetzung auf der Seite des Verlierenden stand. Aber vielleicht läßt das harte Gesetz vom Überleben des Tüchtigsten eben doch Ausnahmen zu, oder es wiegen auf der Waage Gottes die Güter des Herzens nicht um so viel weniger als die des Verstandes.

Kindheit und Jugend

Mein Vater war Zimmermann, sein Handwerk brachte es mit sich, daß wir viel umherzogen. Er trug nach dem Brauch sein Werkzeug in einer geflochtenen Tasche über der Schulter, meine Mutter aber schob einen großen Korbwagen vor sich her. Darin lag ich zuoberst auf unserer ganzen Habe, schlief, oder besah mir die Welt unter dem geblumten Zeug des Sonnendaches.

Später, als ich schon verständiger war und laufen konnte, nahm mich der Vater zuweilen an die Hand, ich sang, und er pfiff und schwang seinen Stock auf eine kunstvolle Art. Oft kehrten wir in Gehöften ein und aßen mit den Leuten aus der Schüssel, dann blieben wir eine Weile, bis der Vater mit seiner Arbeit im Schuppen oder auf der Tenne fertig war. Ein anderes Mal bekamen wir die Milch nur vor das Haus gestellt. Dann mußten wir wieder weiterziehen und irgendwo in einer dunklen Scheune unser Lager aufschlagen. Es war ein herrliches und abenteuerliches Leben für mich, denn daß es auch ein sorgenvolles und kümmerliches war, begriff ich damals noch nicht. Mir war alles lieb, die Straßen und die Wälder, durch die wir zogen, die Tiere und Kinder auf den fremden Höfen und vor allem der Vater, der immer stark und fröhlich blieb. Ich verstand die Mutter gar nicht, wenn sie mitunter verzagt war und vornüber in den Karren weinte, so daß ich die Tropfen auf das Bettzeug fallen sah. Es kamen freilich allerlei Zwischenfälle. Einmal brach unterwegs ein Rad aus unserem Gefährt, die Eltern mußten sich nach einem Schmied umsehen, der den Reifen flicken konnte. Ich wurde am Wege unter eine Fichte gebettet, und damit ich nicht fortliefe, knüpfte mich die Mutter mit einem Band an einem Baume fest. Aber es währte lang, und während ich schlief, zog ein furchtbares Unwetter auf. Der Regen überschwemmte mich verlassenen Wurm, ich saß in der Nässe und schrie, und verstummte wieder, als ein flammender Blitz nahe vor mir in das Wasser schlug. Der Bach färbte sich schwarz, er stieg heraus und schwoll über den Weg, Brückenhölzer trieben an mir vorbei, Sträucher und Wurzeln, und ich wäre ertrunken, wenn der Vater nicht doch zuletzt einen Weg durch Wald und Unterholz gefunden hätte.

Im dritten Winter kamen wir in die Heimat zurück. Wir lebten zuerst auf dem Dachboden eines kleinen Hauses. Ich weiß noch, daß es bitter kalt war, noch immer schlief ich im Korbwagen unter dem düsteren Gebälk, die Mäuse pfiffen, und nachts stiegen Katzen in mein Bett und berochen mich. Oft weinte die Mutter und sprach zornig auf den Vater ein, aber er schrie niemals zurück, nahm nur seinen Hut und ging fort. Wenn er wiederkam, war alles gut, er brachte Essen nach Hause, einen Laib Brot, dann und wann ein Stück Fleisch oder eine Handvoll Backwerk.

Erst im Frühjahr fand der Vater wieder bessere Arbeit. Wir zogen in eine Stube, in der wir unseren Kram ausbreiteten, bis der Vater einige Möbel zusammengebaut hatte, Tisch und Bank und richtige Betten an der Wand. Die Mutter wurde fröhlicher, sie wusch und nähte für die Dienstleute, und auch ich war schon für allerlei zu gebrauchen. Ich wußte, was wir nötig hatten, und darum schleppte ich vor allem Brennholz nach Hause, einen ganzen Lattenzaun nach und nach, bis mich ein paar Ohrfeigen belehrten, daß zwischen dem, was man braucht, und dem, was einem gehört, ein Unterschied zu machen sei. Jeden Mittag trug ich für den Vater das Essen auf den Bauplatz, ich durfte rittlings bei ihm auf einem Balken sitzen wie ein rechter Zimmergesell, und dann teilte er brüderlich mit mir.

Damals um die Jahrhundertwende war das Bad Gastein noch unansehnlich, aber von Jahr zu Jahr schossen die Häuser höher empor, die Straßen wurden breiter, und der Wald wich zurück. Ich erinnere mich des Tages, an dem wir elektrisches Licht bekamen. Hundertmal schloß ich die Augen und drehte den Schalter, und hundertmal wiederholte sich das unbegreifliche Wunder, es war unirdisch hell in der Stube. Übrigens fand ich mich mit meinesgleichen gut zusammen. Ich entdeckte, zu welchen Zeiten es sich lohnte, vor dem Küchenfenster zu stehen, und daß man die dicken Köchinnen rühren konnte, wenn man ihnen Blumen durch das Gitter steckte. Als ich einmal heulend auf der Straße stand, weil ich den Milchgroschen verloren hatte, und als ich unversehens nicht bloß einen, sondern sechs in die Hand gedrückt bekam, ehe ich nur zu schluchzen aufhören konnte, da war ich schon ruchlos genug, auch diese Möglichkeit in mein Erwerbsleben einzubeziehen. Wir Buben mochten wohl überhaupt eine geheimnisvolle Plage für die Gäste sein. Jedenfalls trieb der Müßiggang wunderliche Blüten in meinem Hirn, so etwa, wenn wir zu dritt in die Kanäle krochen und unter einem Gitter in der Hauptstraße zu heulen anfingen, bis Mann und Frau oben versammelt standen und nach der Feuerwehr riefen.

Es war in allem eine glanzvolle Zeit, Kaiser und Könige stiegen ab, man konnte ihnen unterwegs begegnen wie dem Pfarrer oder dem Briefträger, und es verschlug ihrer Hoheit nichts, wenn es offenbar wurde, daß auch sie von der Gicht geplagt waren wie andere Leute. Sie alle mußten wohl demnach eine besondere Art von Menschen sein, Kurgäste eben, und ich kam nie auf den Gedanken, sie könnten jemals in ihrem

Dasein etwas anderes zu tun haben, als in Seide und Lack auf den Promenaden zu wandeln.

Vielleicht verschliefen und verdösten sie den ganzen Winter so wie wir und erwachten erst im frühen Sommer wieder, wenn die Spiegelscheiben und die prunkvollen Portale aus den Brettern geschält wurden. Dick waren sie oder dünn, krumm oder lahm und im ganzen häßlicher als gewöhnliche Menschen, aber sie hatten die seltsame Eigenschaft, immerfort Geld aus der Tasche zu holen. Außerdem rochen sie so wunderbar, ich konnte stundenlang hinterherlaufen und die Wolke von Düften einatmen, die sie unaufhörlich von sich gaben. Das Fremdartige dieser Geschöpfe zog mich magisch an. In jener Zeit trugen die Damen ungeheure Hüte, und was ihnen in der Leibesmitte an Fülle fehlte, das häufte sich hinterwärts um so mächtiger unter Bändern und Spitzenzeug an. Aber wenn ich auf gewisse Bäume kletterte, so konnte ich sehen, daß sie sich in ihren Zimmern doch ganz irdisch kämmten und wuschen, und einmal beobachtete ich mit tiefem Erstaunen ein vornehmes Ehepaar, das sich gelassen wechselseitig mit Ohrfeigen bedachte.

Zuweilen geriet ich auf Botengängen in eine der prächtigen Empfangshallen. Da stand ich dann, ich strohhaariger Knirps, barfuß und schmutzig, der spiegelnde Marmor verstörte mich, die gefährliche Stille und Kühle benahm mir den Atem. Noch heute, wenn ich auf Reisen genötigt bin, ein feines Hotel aufzusuchen, werde ich die ängstliche Empfindung nicht los, daß ich besser täte, wieder zu verschwinden.

Als ich nun schon ein paar Jahre zur Schule gegangen war, meinte die Mutter, es sei endlich genug der Tagedieberei, ich müsse jetzt zusehen, wie ich mir selber das Essen verdienen könne. Sie bewarb sich für mich um die Stelle eines Liftburschen. Ich wurde wahrhaftig aufgenommen und erhielt sogleich eine neue hellblaue Uniform mit zweiundvierzig silbernen Knöpfen. In der Morgenfrühe trat ich meinen Dienst an, aber schon zu Mittag saß ich weinend auf der Treppe, und mein Herz war zerrissen von wildem Heimweh und Freiheitsdurst. Die ungewöhnliche Kleidung drückte mich, ich war nirgends gelitten und jedem im Wege. Aber allmählich fügte ich mich, allmählich schied sich Freundlich und Feindlich. Die Stubenmädchen waren gute Geister: man konnte abends bei ihnen in der Kammer sitzen und zuhören, wie sie von ihren Liebhabern sprachen, von dunklen Geschehnissen in Zimmern und Gängen des Hauses, und so wenig ich von ihrem Geflüster begriff, es erregte mich doch bis in den Schlaf hinein.

Ich las auch viel, billige Romane aus den Nachttischladen der Gäste und die Groschenhefte der Mädchen, und dadurch verlor ich mich gänzlich in einer zwiespältigen Welt von Träumen. Ständig lebte ich irgendeinem Helden nach, einem unglücklichen Grafen Horst oder Bodo, und das hatte wiederum zur Folge, daß mich der Portier, mein nächster Vorgesetzter, für einen Ausbund sträflicher Dummheit hielt. Er war ein kleiner, heftiger Mensch mit seltsamen Gewohnheiten. Jeden Auftrag, den er mir gab, pflegte er durch ein Kopfstück zu bekräftigen, bis ich dahinterkam, daß ich diese Maulschellen nur empfing, weil mein Kopf seinen majestätischen Gebärden im Wege war.

Viel Abenteuerliches habe ich erlebt, viel Unheil durch meine närrische Einfalt gestiftet. Wir hatten einen Gast, den die Kellner aus irgendwelchen Gründen den Hochstapler nannten. Sogleich warf ich natürlich die Augen Sherlock Holmes' auf den Mann, und als ich eines Morgens durch die Glastür des Liftes sah, wie dieser Schurke aus dem Zimmer einer Baronin geschlichen kam, auf Zehenspitzen und mit allen Zeichen bösen Gewissens im Gesicht, da fuhr ich eilends in die Tiefe und lief mit Zeter und Mordio durch das Haus. Viel mehr als die gewaltige Ohrfeige, die ich vom Portier empfing, erstaunte mich die Tatsache, daß der Räuber und sein Opfer zu Mittag wieder friedlich am selben Tische saßen.

Noch heute erinnere ich mich mit Herzklopfen an eine andere Begebenheit, an die Geschichte von den Klapperschlangen. Eines Tages nämlich erzählte ich dem Stubenmädchen aus reiner Lust am

Lügen, der Herr auf Nr. 33, ein Professor, hielte sich Klapperschlangen in seinem Koffer, Gott weiß, warum es gerade solche sein mußten. Täglich schmückte ich meine Geschichte mit neuen Einzelheiten aus; er pfiffe ihnen, sagte ich, und sie tanzten dazu, und wenn ich mit der Post ins Zimmer käme, schlöffen sie einfach in seine Hemdärmel, so trüge er sie wohl überall mit sich herum.

Mittlerweile aber verbreitete sich eine stille Panik im ganzen Hotel. Das Stubenmädchen weigerte sich, in diesem Zimmer aufzuräumen, der ahnungslose Professor war plötzlich wie die Pest gemieden, und ein paar Ängstliche packten sogar ihre Koffer. Zuletzt stellte der Direktor selbst den Schlangenbändiger zur Rede, und ich stand zitternd vor ihm, und mein Lügengebäude fiel über mir zusammen. Dieser junge Mann, sagte der Professor nachdrücklich, dieser junge Mann ist geistesgestört. Dabei blieb es dann auch.

Übrigens aber verstand ich mich recht gut auf meinen Vorteil, ich war, was das verdiente Geld betraf, der Stolz meiner Mutter. Zwischendurch verliebte ich mich in ein kleines, dünnbeiniges Mädchen, fuhr meinen Schatz nach Tisch halbe Stunden lang im Lift spazieren und kaufte ihm um teures Geld eine Korallenkette, die sich dann allerdings nutzlos in meiner Hosentasche verkrümelte.

Die Groschen und Silberstücke waren allzu leicht verdient, ebenso geschwind rollten sie wieder davon, und so gewann ich schon damals keinen festen Stand zwischen Armut und Überfluß. Ich habe später wieder bittere Not gelitten, habe dies und jenes in meinem Leben versucht, aber nie erlernte ich die Kunst, mit meinen Gütern hauszuhalten. Und so mag sich zuletzt wohl erfüllen, was mir mein Portier prophezeit hat: daß ich ein unrühmliches Ende finden werde.

Meine Eltern

Meine Mutter war Näherin, in ihren besten Jahren die einzige im ganzen Tal, die sich noch darauf verstand, einen Miederleib richtig zu nähen und alles, was zur alten Tracht gehörte. Diesem Umstand verdanke ich selber einige Kenntnisse in der Schneiderkunst. Und so viel ich auch davon wieder vergessen habe, ich kann mir doch heute zuweilen noch den Spaß erlauben, die Weibsleute bei ihren Einkäufen auf dem Jahrmarkt zu beraten, was die Güte des Tuches betrifft oder die Machart eines Überrockes.

Die Mutter hatte ihr Handwerk freilich nicht ordentlich erlernt. Aber wie sie alles im Leben beherzt und entschlossen angriff, so nähte sie eben auch, was in unserem dürftigen Hauswesen nötig war, einen Kittel für mich, ein Sonntagshemd für den Vater oder eine Schürze für sich selbst. Hemd und Schürze waren aus einerlei billigem Zeug geschnitten, und dennoch hatte jedes Stück, das der Mutter aus der Hand ging, etwas Besonderes an sich. Ihr bewegliches und erfinderisches Wesen war nie mit dem Gewöhnlichen zufrieden. Darum konnte der Vater beim Kirchgang eine gefältelte Hemdbrust sehen lassen, wie es keine in der ganzen Gemeinde gab, und die Krause am Schürzenlatz der Mutter war ein Mirakel für die Nachbarin. Die wollte nun auch so eine Schürze haben, aus Seide, versteht sich. Aber Seide oder Kattun, am Ende machte es der Verstand, den Gott auf seine Weise verteilt, zum Glück für die armen Leute. Die Mutter konnte ja nicht in Musterbüchern nachschlagen und nichts auf dem Zeichenbrett entwerfen, sie mußte sich alles in ihrem Kopf ausdenken. Und wenn sie auch mich mageren Däumling manchmal auf den Tisch setzte, um einen Halskragen oder eine Busenschleife an mir zurechtzustecken, so hatte sie doch keine richtige Hilfe daran, meine äußere Erscheinung war schon damals nicht das Beste an mir. Der Vater ließ sich noch weniger gebrauchen, denn in diesem ruhig-ernsten Mann steckte ein heimlicher Drang zu kindischen Späßen. Wenn er abends einmal in die Schürze der Nachbarin schlüpfen sollte, gleich war er die dicke Nachbarin selber und blähte sich auf, und das brachte die Mutter zur Raserei. Denn im Grunde haßte sie die Arbeit am Nähtisch. Manchmal geschah es, daß sie plötzlich alles hinwarf und einfach fortlief, irgendwo hinauf auf die Berge oder auf eine Alm, die Bauerntochter. Dann saß der Vater einen Abend lang allein mit mir bei schmaler Kost zu Hause, wir wußten schon Bescheid. Am andern Tag kam die Mutter zurück; schweigsam und ein bißchen beschämt nahm sie ihr Tagewerk wieder auf.

Wohlverstanden: eine Schwierigkeit anzupakken, einem Einfall nachzutrachten, dem konnte sie nicht widerstehen. Aber daß es dann so lange währte, Stich um Stich, den ganzen Tag in der engen Stube, das ging ihr gegen die Natur, gegen ihren unbändigen Trieb nach Freiheit und Bewegung. Etwas erfinden und etwas machen ist eben zweierlei, und vielleicht will die ganze Welt nur deshalb nicht recht ins Lot kommen, weil den lieben Gott selber die Arbeit daran schon längst verdrießt.

Jedenfalls, sogar der Pfarrer selber hätte einen Talar für die Feiertage bei der Mutter bestellen können, er wäre nicht schlechter bedient worden als etwa sein Mesner, dem unsere Werkstatt eigentlich ihren Ruf in der ganzen Gegend verdankte.

Der Mesner trat eines Abends in die Stube, mit zwei Roßdecken und einer Schafkeule unterm Arm. Er gehörte zu unserer weitläufigen Vetternschaft, und die Mutter hielt große Stücke auf ihn, weil es doch immerhin wertvoll war, einen Verwandten unter dem Gesinde des Herrn zu haben. Und nun setzte der Mesner sein umständliches Anliegen auseinander. Er käme allmählich in die Jahre, meinte er, in denen man das Knien auf dem Kirchenpflaster und die Zugluft in der Glockenkammer schlecht vertrüge, von den Versehgängen gar nicht zu reden, seit die Leute die verdammte Gewohnheit angenommen hätten, immer bei

Nacht und Unwetter zu sterben. Und darum habe ihm die Vorsehung diese beiden Roßdecken für einen warmen Rock zugewendet und die Schafkeule dazu, die wolle er aber als Machlohn dreingeben.

Männergewand zu nähen gehört zum Schwierigsten in der ganzen Schneiderkunst, ich weiß das aus Erfahrung, denn ich habe mich auch darin versucht. Als ich im Felde diente, beschloß ich einmal, mir selber eine neue Hose zu machen. Ich dachte, wenn ich von der alten das Beste nähme und meinen Mantel unten herum abschnitte, bliebe mir genug Zeug davon. Das wohl, aber der Schnitt geriet mir schlecht, und die Näherei auch, zuletzt besaß ich nur noch ein paar Streifen Tuch für Gamaschen und statt des Mantels eine kurze Jacke, an der zu beiden Seiten das weiße Taschenfutter baumelte, eine wunderliche Tracht für einen kaiserlichen Fähnrich.

Die Mutter freilich kämpfte mit anderen Schwierigkeiten. Der Mesner war nicht sehr ebenmäßig gebaut, sondern schief und bucklig vom vielen Verneigen und Kreuzeschlagen oder wovon sonst die Diener des Herrn alle krumm geraten, obwohl er sie doch auch gerade erschaffen hat. Was aber das Anliegen betraf, mit dem Gott seinen Knecht zu meiner Mutter schickte, so waren freilich die Lilien auf dem Felde leichter zu kleiden als dieser verwachsene Mesner. Der Vater entwarf sofort einen Riß mit seinem Zimmermannsblei, aber es wurde doch nur eine Art Dachstuhl daraus, nicht zu gebrauchen. Nein, die Mutter behalf sich lieber selber, und nach einigen gewittrigen Tagen war der Rock auch wirklich fertig, man konnte ihn gleich einem Panzer in die Ecke stellen. Der Mesner, meinte der Vater, der Vetter werde darin hängen wie der Schwengel in der Glocke.

Er kam dann auch zum Samstagabend und schloff in sein Gehäuse, schnaufend schüttelte er sich darin zurecht. Als er aber merkte, daß er alle Gliedmaßen gebrauchen konnte, war er wohl zufrieden und ging davon; eine riesige Schildkröte kroch die Gasse hinunter. Wegen dieses Meisterstückes geriet später unsere ganze Familie in langwierige Händel mit der Sippschaft des Schneiders, der nach dem Urteil meiner streitbaren Mutter überhaupt der widerwärtigste unter ihren vielen Feinden war, seit sie ihn in der Jugend als Brautwerber ausgeschlagen hatte. Gottlob, daß sie diesem Unglück entkam, es hätte ja auch mich gewissermaßen das Leben gekostet.

Aber alle Feindschaft und Tücke konnten den Ruhm der Mutter nicht mehr schmälern, die Leute liefen ihr schon von weither zu. Es half dem Schneider gar nichts, daß er die Mutter und den Mesner zuletzt auch noch vor das Gericht schleppte. Der Richter war ein verständiger Mann, er meinte, es seien beide Teile genug bestraft, die

Mutter, weil sie den Rock nähen, und der Mesner, weil er ihn tragen mußte. Ich aber nahm furchtbare Rache an dem Unhold, ich zog mit meiner Schleuder aus und schoß ihm ein Dutzend Kampferkugeln in seine Bienenstöcke.

Damals trug das Bauernvolk noch gern die alte Tracht, ein anderes Festgewand kannte man gar nicht. Heute ist es auch in den entlegensten Tälern nicht mehr so. Ich denke oft darüber nach, was die Leute wohl bewog, ein Besitztum preiszugeben, das so viele Geschlechter vorher einander treu überliefert hatten. Sie sind doch auch sonst nicht anders geworden, nicht beweglicher und aufgeschlossener dem Neuen gegenüber. Ein Vorteil beim Düngen, ein besseres Gerät, auch jetzt noch braucht es viele Jahre, bis endlich einer von den harten Köpfen den Argwohn überwindet, daß das Bessere gar nicht immer auch ein Vorteil sein müsse. Und es ist gut so, denn wäre es anders, so gäbe es wahrscheinlich längst keine Bauern mehr, wenigstens keine Bergbauern. Der Bauer hierzulande kann nicht heute so und morgen anders denken oder arbeiten oder wirtschaften. Sein Tagwerk erhält den Antrieb gleichsam aus derselben Kraftquelle, die das Ganze der Natur bewegt. Darum läuft es auch im gleichen Zeitmaß ab, mit der gleichen unveränderlichen Stetigkeit.

Ich verstand in der Kinderzeit gar nicht, warum sich die Mutter so erzürnte, als die Bäuerinnen allmählich anfingen, städtische Jacken zur Seidenschürze und zum Trachtenhut zu tragen. Es dauerte lange, bis sie sich endlich des Verdienstes wegen damit abfand, den Leuten ihren Willen zu tun. Und später, als es längst keinen Miederrock mehr zu nähen gab, übte sie ihre Kunst noch für sich allein und kleidete Puppen an, richtig mit dem steifen Unterzeug und dem Fransentuch und bis ins kleinste getreu.

Mir freilich lag nichts an diesem Puppenkram. Die Mutter beklagte es oft, daß ich ihr gewissermaßen von Anfang an mißraten war, weil sie seinerzeit eigentlich vorhatte, ein Mädchen zur Welt zu bringen, etwas Sanfteres, das nicht so schnell in seine wilde Zeit hineinwüchse. Aber ich geriet leider in jeder Hinsicht dem Vater nach, und, was am ärgerlichsten war, er half mir auch noch heimlich bei meinen Streichen. Kaum drehte die Mutter einmal den Rücken, gleich saß ich an der Nähmaschine und quälte das klapprige Wesen mit meinen waghalsigen Einfällen. Sie mußte eine Seilbahn antreiben, einen Aufzug, mit dem man nützliche Dinge, Kieselsteine und Fichtenzapfen vom Anger herauf bis in unsere Dachstube befördern konnte. Und wer hatte die Schnur dazu gestiftet, das Gestell gebaut, die Rollen abgedreht? Der Vater nahm es schweigend auf sich, wenn die Mutter klagte, sie wisse wirklich nicht, wofür sie Gott außer mit einem närrischen Mann auch noch mit einem verrückten Kind gestraft habe. Hinterher sagte er uns beiden zum Trost, daß erfinderische Köpfe anfangs immer verkannt würden.

Die Maschine nähte allerdings nicht mehr, und wir wurden so lange auf Wasser und Brot gesetzt, bis sie wieder zu gebrauchen war. Der Vater überließ es mir, Rat zu schaffen, und ich machte mich unverzagt und auf gutes Glück an die Arbeit. Manchmal genügte es, die Maschine bloß ein bißchen zu schütteln, ein ander Mal mußte man ihr den ganzen Bauch ausräumen, und dann blieb einem gewöhnlich ein Bolzen übrig oder eine Feder, die nirgends mehr hineinpaßte. Aber darauf kam es dem launischen Geschöpf auch gar nicht an. Plötzlich lief es eben doch wieder und kaute willig an seinem Faden.

Zu uns in die Werkstatt kamen zumeist nur die geringeren Leute, die Mägde oder die heimlichen Kunden, ihre Liebhaber. War aber irgendwo bei einem reichen Bauern eine Hochzeit im Gange, so wurde die Mutter auf Stör ins Haus genommen, damit sie die Ausstattung nähe, vor allem die Tracht der Braut. Denn bei dieser Arbeit war viel Geheimnisvolles zu beachten, wenn es der jungen Frau nicht später zum Unheil werden sollte.

Wir blieben zwar nur über Tag auf dem Hof, dennoch nahm die Mutter jeden Morgen umständlich Abschied von ihrem Hauswesen, es lag ja allein bei Gott, ob wir uns abends alle fröhlich wiedersahen. Sie bekreuzte mich und den Vater und alles, was ihr teuer war. Dann wurde die Nähmaschine auf den Schiebkarren geladen, ein Korb mit dem Werkzeug kam dazu und obenauf ein seltsames einbeiniges Wesen, die Kleiderbüste. Die Mutter hatte sie selber genäht und kunstvoll mit Heu ausgestopft, eine Göttin der fraulichen Fülle, aber doch ein bißchen unheimlich anzuschauen, weil ihr der Vater statt des Kopfes eine gläserne Gartenkugel auf den Hals gekittet hatte. So trug die Hohlköpfige alles in wunderlicher Verzerrung nach außen zur Schau, was man sonst im Innern verbirgt, aber das, meinte der Vater, sei bei vielen Weiberköpfen so.

Die Mutter schob den Karren, und ich mußte nebenher gehen und das Ganze im Gleichgewicht halten. Es war manchmal ein mühseliges Fuhrwerk die steilen Wege hinauf. Für mich freilich gab es nichts Schöneres, besonders zur Sommerzeit, wenn einem die leidige Schule nicht mehr den ganzen Tag verderben konnte. Die Mutter war der Meinung, ich sollte mich mehr an die Buttermilch und an die Krapfen halten und endlich ein wenig Speck ansetzen, statt mich von früh bis spät herumzutreiben. Aber solche Gelegenheit, in den Bauch zu sparen, habe ich leider zeitlebens versäumt. Ach, mir wird noch heute warm ums Herz, wenn ich an diese Zeit denke, und es ist doch nur ein blasser Widerschein der paradiesischen Glückseligkeit, die ich damals genoß. In den drangvollen Tagen der Heuernte, wenn wir schon beim ersten Licht des Morgens unterwegs waren, standen überall die Mäher breitbeinig in den Wiesen, es roch nach Tau und Gras, und die Vögel waren auch betrunken von der herben Süße dieses Duftes, sie stiegen hoch auf und sangen, Gelernte und Ungelernte durcheinander. Dann und wann hielt einer von den Mähern inne, er betrachtete unser seltsames Gefährt und rief etwas herüber. Aber die Mutter blieb keinem die Antwort schuldig, und was sie sagte, war von einer solchen Art, daß der Lästerer nichts mehr zu erwidern wußte. Er stellte seine Sense auf, griff an die Hüfte nach dem Kumpf und schärfte das Blatt, und das war wiederum freudig anzuhören, dieser silbern singende Klang über die Felder hin. Dazu der weite Himmel zu Häupten der Berge und unten das Tal noch im Zwielicht, aber weit entfernt. Man mußte die Hände um den Mund legen und einen Ruf hinunterschicken, vielleicht hörte ihn der Vater, wenn er jetzt zu seinem Werkplatz ging...

Der Vater war ein unverdrossener Mann, immer tätig, immer heiter, und doch reichte es nie für etwas Eigenes, wir waren gleichsam nur zur Miete in der Welt. Ach, mein Vater, wenn er heimkehrte und müde saß, mit seinem schweren Atem, wenn er mir die Hand in den Nacken legte, wie er es gerne tat, seine rauhe und ruhige Hand – er starb mir ja viel zu früh! Ich war noch nichts, ich fing erst an, in seinem Sinn zu leben, so beharrlich und unverzagt, wie er es mich gelehrt hatte. Und als ich eben sagen wollte: Setz dich hin, Vater, laß es mich jetzt versuchen – da starb er mir. Ständig hatte er zu kämpfen, in alles schickte er sich, wenn sich nur ein Groschen mehr daran verdienen ließ; er war Zimmermann oder Knappe im Bergwerk, war Postbote und Bergführer, dieser besinnliche Mensch, der doch die Ruhe so liebte. Aber bei aller Unrast hatte er zeitlebens nur ein Ziel: ein Gütchen zu erstehen, ein kleines Anwesen irgendwo im Gebirge. Und oft in einer guten Stunde konnte er uns wunderbar beschreiben, wie alles sein würde, das Haus mit dem Brunnen und dem Holunder daneben, wir aßen doch alle so gern süßes Holunderkoch! Und hinten der Stall für die Geißen, den er selber zimmern wollte. Daran freute ich mich immer am meisten, daß wir auch einen Ziegenbock haben würden.

Und Obstbäume natürlich, die im Herbst bis ins Gras herunter voll von Äpfeln hingen, und Blumen von jeder Art, auch Kraut und Rüben und ein Schwein, das von den Rüben langsam fett würde, und endlich einen Hund, so einen großen zottigen Kerl, der das Ganze bewachte.

Wir wußten alle sehr genau Bescheid auf unserem Gütchen und gingen munter aus und ein, wir

Kinder, und oft, wenn ich etwas besonders Köstliches erhandelt hatte, einen Türknopf aus Nickel oder eine bunte Gartenkugel, dann legte ich das Ding in meine Truhe und sparte es für das Haus unterm Holunder.

Später verstreute uns ja das Schicksal in der Welt, mich und die Geschwister alle, aber mir blieb das Bild unserer Wunschheimat tief und unverlöschbar eingegraben. Ich mochte auf den Tod krank sein oder sonst elend, ganz verderben konnte ich doch nie, ich mußte ja in die Truhe sparen, und sooft sie auch leer wurde, ich fing von neuem wieder an.

Klang einer Stadt

Man sollte einen Salzburger nicht über Salzburg reden lassen, denn es ist immer ein wenig ermüdend, einem Verliebten zuzuhören, wenn er von seiner Angebeteten schwärmt.

Weil aber mein eigentliches Talent ohnehin darin liegt, regelmäßig das Thema zu verfehlen, möchte ich trotzdem getrost versuchen, etwas über diese Stadt zu sagen, über ihr Wesen, ihr Gesicht.

Ich kann freilich nicht mit der Gelehrsamkeit des Historikers aufwarten, oder des Kunstverständigen, ich will nur hören lassen, was mein eigenes Herz bewegt, und auch ein weniges von dem, was mir sonst durch den Kopf geht.

Wer dächte nicht gleich an Salzburg, wenn er heiter musizieren hört, und wer könnte Salzburg sehen, ohne Musik im Ohr zu haben! Salzburg, das ist für mich *der* Platz der Welt, wo man so leben kann, wie man leben würde, wenn man so leben könnte. Ein wenig habe ich mich ja auch umgesehen, es gibt tatsächlich Städte, die prächtiger sind, bedeutender als unsere, aber in meinem Herzen galt für Salzburg immer das »urbs« der Alten, für mich ist sie die Stadt schlechthin. *Wo* zum Beispiel findet man eine, die sich am schönsten zeigt, wenn sie leer ist? Ich habe das entdeckt, weil ich manchmal im Morgengrauen noch auf dem Heimweg bin, aus Gründen, die nicht hierher gehören. Ich gehe dann durch die alten Gassen, allein, und mein schlechtes Gewissen läuft hinter mir her mit hallenden Schritten. Eine beschwingte Wehmut erfüllt mich, und ich trachte abgründigen Gedanken nach, daß das Leben so kurz ist und daß alles viel einfacher wäre, wenn nur die Schlechten schlecht sein könnten.

Ab und zu begegnet mir jemand, ein müdes Gespenst, ein Hund vielleicht, einsam und herrenlos wie ich, auch er hat seine Nase in ein auswegloses Problem gesteckt. Anderswo steht ein Motorrad, dem ein Mensch mit kalter Wut so lange in die Weichen tritt, bis es endlich verzweifelt aufbrüllt – sind es etwa die Maschinen, die dereinst mit ihrem Klageschrei gegen uns zeugen werden, an Stelle der längst verstummten Kreatur? Welch ein Wunder, daß die Stille noch einmal wiederkehrt, nachdem das Rädertier kopflos davongestoben ist! Im Weitergehen gerate ich auf den Platz, wo der große Brunnen rauscht und wo hinter hohen Fenstern die Regierung wohnt. Ich ziehe den Hut vor der Obrigkeit, es rührt mich so sehr, und es beruhigt mich auch, daß sie schläft. Und inzwischen geschieht das, wovon ich eigentlich reden wollte, die Stadt erwacht – nicht die Leute, sie selbst. Ich schaue um mich, es ist hell geworden, oben am blassen Himmel flüchten Nebel in das Gebirge zurück, und ein unerklärliches Licht strömt herein. Das Graue des Gemäuers, das Kalkige der Wände gewinnt Farbe, Haut und Fleisch, mit dem Blau der Luft vermischt wechselt es in etwas Rötliches, Durchblutetes hinüber. Man wird freilich sagen, das alles habe doch nichts mit Salzburg zu tun, nichts mit dem Wesen seiner berühmten Architekturen, solch ein zufälliges Spiel mit Schein und Schatten, mit Flächen und Konturen, aber es liegt vielleicht nur daran, daß ich mich zu unbeholfen ausdrücke, ich sollte einen Dichter zu Wort kommen lassen.

»Knaben spielen wirr von Träumen« – im Bubenalter konnte ich nie durch die Dombögen laufen, ohne hinter einem Pfeiler nach den vier Heiligen zu spähen, ob sie nicht doch einmal bei guter Gelegenheit heruntersteigen und ihr Gespräch fortsetzen durften. Ich hatte sie nämlich ihrer seltsamen Gesten wegen im Verdacht, sie seien vielleicht mitten in einer nicht ganz passenden Unterhaltung überrascht und zur Strafe auf ihre Postamente gebannt worden. Damals standen sie ja noch nicht so im Gedränge wie heutzutage, es wuchs so viel Gras auf dem Platz und die Mauern entlang, daß eine Kuh sich hätte davon nähren können.

Aber durch das Tor zu treten, das ist immer noch das gleiche beklemmende Wagnis, es macht nichts aus in dem ungeheuren Gewölbe, daß ich inzwischen doch ein wenig gewachsen bin. Dieses

Haus wurde ja auch nicht für geringe Leute gebaut, sondern um große Herren klein zu machen. Hier thront Gott kühl und fern, nur die Stimme des Priesters erreicht sein Ohr und jene der Musik, die wohl seiner eigenen verwandt sein mag.

Aber ich muß es wieder sagen, mir ist die hallende Größe des Domes nie ein rechter Trost gewesen, ich war da immer nur ein scheuer Gast. Und wenn nichts anderes mehr helfen wollte, trug ich meine Nöte lieber dorthin, wo die geduldigen Heiligen wohnen, der eine vor allem, dem ich schon unzählige Kerzen schulde, und der doch nie nachzählt, sooft ich ihm eine neue verspreche.

Kann wirklich ein einfacher Mensch den Chor der Franziskanerkirche gebaut haben, ein Mann namens Stethaimer, ein Ingenieur nicht einmal? Kam er tatsächlich aus Burghausen hereingeritten, kraute sich den Bart und fing an, ein Gerüst aufzuschlagen und dieses Wunderwerk emporwachsen zu lassen, mit nichts als seinem Winkelmaß und Lot, mit Hebel und Rolle, diesen Lobgesang aus schwerelosem Stein und Licht? Aus der Düsternis des Schiffes kommend, hat man einen lichten Wald vor Augen, man meint wahrhaftig, die Stämme ein wenig schwanken zu sehen, als rauschte oben ein sanfter Wind durch die Kronen, und nachher kann man es kaum glauben, daß es nur fünf schmucklose Säulen sind, die das entrückte Gewölbe mit unbegreiflicher Leichtigkeit schwebend halten. Nun erst gewahrt man auch, welches Kleinod dieser Hain zu hüten hat – die Pacher-Madonna. Eine von den Mägden seiner Heimat mag wohl vor dem Meister gesessen haben, ein bißchen verschämt und mit niedergeschlagenen Augen, während er das holde Bild aus dem Holz grub, und nun thront sie, zur Magd des Herrn verklärt, auf goldener Wolke, von Engeln umspielt.

Aber Salzburg ist auch sonst nicht arm an Gelegenheiten, ein bedrücktes Gemüt wieder aufzurichten. Da wäre St. Peter in der Nähe, weithin berühmt bei Gelehrten und Ungelehrten, als eine Stätte ehrwürdiger Kunst und wegen seines Weinkellers. Früher hatte man zuweilen die schöne Laune, Kirchen und Schenken nebeneinander zu stellen, damit der Wandersmann, wenn er Einkehr hält, sich aus freien Stücken entscheiden kann, welchen Weg er zunächst gehen will, den einen, der in den Friedhof führt und von dort weg in den Himmel, wenn Gott will, oder den anderen, der viel verlockender zwischen Weinfässern beginnt, aber nicht selten in der Hölle enden soll, wenn es wahr ist. In St. Peter kann man sich jedenfalls getrost niederlassen, an einem groben Tisch unter den Felsen des Mönchsberges. Lärmen und Hausieren ist verboten, natürlich, wer dächte auch daran, hier den friedlichen Nachbarn mit dem eigenen Kram zu belästigen, statt in sich gekehrt zu sitzen und die Dinge durch ein würdiges Glas

Wein zu betrachten. Es ist schon viel, wenn sich einmal ein paar Leute zusammenstellen, wie man es draußen auf dem Lande noch tut, um ein Lied anzustimmen.

Oder es kehren etliche Musikanten ein, auch keine solchen, die da meinen, sie müßten sich bitten lassen, vielleicht kommen sie von einer Taufe oder von einem Begräbnis, einerlei, Musik ist immer gut.

Ich kann es nicht leugnen, mir gefällt das. Ich weiß, man darf dergleichen nicht eingestehen, ohne sich um den letzten Kredit zu bringen. Aber schließlich geht es einem doch nahe, wenn man ein Leben lang Augen und Ohren recht zu gebrauchen meinte und sich am Ende sagen lassen muß, man sei die ganze Zeit her in Wahrheit blind und taub gewesen.

Traurige Erfahrungen sind das, mit solchen Gedanken geht man besser nebenan auf den Friedhof, denn dort, sagt der Dichter, hat die Trauer kein Leid.

> Ringsum ist Felseneinsamkeit
> Des Todes bleiche Blumen schauern
> Auf Gräbern, die im Dunkel trauern –
> Doch diese Trauer hat kein Leid.
>
> Der Himmel lächelt still herab
> In diesen traumverschlossenen Garten,

Wo stille Pilger seiner warten.
Es wacht das Kreuz auf jedem Grab.

Die Kirche ragt wie ein Gebet
Vor einem Bilde ewiger Gnaden,
Manch Licht brennt unter den Arkaden,
Das stumm für arme Seelen fleht –

Indes die Bäume blühn zur Nacht,
Daß sich des Todes Antlitz hülle
In ihrer Schönheit schimmernde Fülle,
Die Tote tiefer träumen macht. *(Trakl)*

Seltsam, dieser abgeschiedene Winkel, den man nicht durchstreifen kann, ohne heimlich nach einem Rasenfleck für sich selber auszuschauen, dieser stille Garten der Toten war einst die Wiege der neugeborenen Stadt. Als der heilige Rupert, ein fränkischer Fürstensohn, vor zwölfhundert Jahren aus der Ebene hereingeritten kam, fand er da nur Trümmer, wie der Chronist sagt, und einen Wald, der dort wuchs. Aber unverzagt fing er zu roden und zu bauen an, eine Kapelle zuerst, ein Mönchsgehäuse. Damals war die Welt noch geräumiger, und wenn irgendwo ein Heiliger den Mut hatte, eine Kirche in die Wildnis zu stellen, dann brauchte der König nicht zu sparen, er schenkte ihm ein Fürstentum dazu, freilich nur von Bären und Wölfen bevölkert. Als Rupert starb, wölbte sich schon die Kuppel von St. Peter über seinem Grab. Virgil folgte ihm nach, Arno, der Freund des Kaisers, mit ihm stieg nun auch der Stern weltlicher Macht glänzend empor. Die Fürsten dieser frühen Zeit wußten noch, daß Herrschen auf geheimnisvolle Weise mit Schuld verknüpft ist, die späteren wußten es nicht mehr. Gilbert war es, der im blutigen Streit zwischen Papst und Kaiser das Kreuz in seiner Hand zum Schwert verkehrte, er setzte die erste feste Burg auf den Felsen über der Stadt, als ein sicheres Schloß an der breiten Tür vor den Bergen. In diesen rauhen Zeiten zwängten sich die Bürger scheu in die ängstliche Enge zwischen Mauer und Berg, nur die Herren wagten den Blick ins offene Land hinaus. Sie ließen das Hergebrachte unbekümmert im Brandgewölk des Krieges untergehen, aber was sie selber schufen, war größer im Maß, mit einer bohrenden Inbrunst gestaltet. Einer von ihnen, Leonhard, gab der Festung ihre bleibende Gestalt, überall in den prunkvollen Stuben findet man sein bäurisches Wappen mit der Rübe, als hätte er im rastlosen Umherwandern das Siegel an seiner Faust in die Wände gedrückt. Er mag es spaßig gefunden haben, das Hornwerk seines »Salzburger Stieres« über die Dächer brüllen zu lassen, damit die aufsässigen Bürger wußten, daß der Herr noch über ihnen saß.

Eine andere, erregende Luft begann von Süden her zu wehen. Das Schicksal der Stadt geriet in die

Hand eines kraftvollen, weltkundigen Mannes. Dieser Wolf Dietrich war kein Patriarch aus der Väterzeit, er regierte mit der gewaltsamen Lebensfreude des Südländers. Was das Volk liebte, die Enge und Geborgenheit, das haßte und verachtete der Fürst. Besessen, hemmungslos planend, riß er die Häuser der Bürger nieder, verschwendete den kostbaren umfriedeten Raum in weiten Plätzen, in einer Flucht riesiger Säle, und überließ es eben noch dem lieben Gott, seinen bescheidenen Himmel als Dach darüber zu wölben. Nun, die Flüche und Seufzer der Bürger hören wir nicht mehr. Aber wie arm wäre die Welt, hätte die Armut nie zu leiden gehabt! Und so bedauern wir eher, daß sich für diesen rätselvollen Mann der Lebensabend so traurig verdüsterte, durch schmachvolle Flucht und Gefangenschaft und einen einsamen Tod.

Seinem Neffen Markus Sittikus lagen die großen Würfe weniger, dafür war er ein guter Rechner. Auch er verstand zu leben, aber nicht mit der ritterlichen Männlichkeit seines Oheims, der vor aller Welt mit Frau und Kindern auf Schloß Mirabell hofzuhalten wagte, sondern als ein vorsichtiger Kavalier. Schäfer und Schäferin trafen sich nur mehr in den verschwiegenen Gärten von Hellbrunn, bei Tanz und heiterem Spiel.

Allmählich festigte sich das Bild der Stadt, wie aus höherer Absicht zur Vollendung gerundet, obwohl doch die Jahrhunderte herauf so viel selbstherrliche Willkür daran baute. Aber »Ehr und Pracht hat kein Macht, und der Welt Ruhm ist ein Wiesenblum«. Auch der Glanz fürstlicher Herrschaft verblich, und neue Kräfte wirkten im Getriebe der Zeit. Als Franz Schubert in Begleitung seines Freundes Vogel vor nun schon 120 Jahren die Stadt besuchte, schrieb er einen seltsamen Bericht an den Bruder nach Wien:

»Nachdem wir den andern Morgen den Mönchsberg bestiegen, von welchem man einen großen Teil der Stadt übersieht, mußte ich erstaunen über die Menge herrlicher Gebäude, Paläste und Kirchen. Doch gibt es wenig Einwohner hier, viele Gebäude stehen leer ... Auf den Plätzen, deren es viele und schöne gibt, wächst zwischen den Pflastersteinen Gras, so wenig werden sie betreten. Nachher besuchten wir das Kloster St. Peter, wo Michael Haydn residiert hat. Hier befindet sich, wie du weißt, sein Monument, es ist recht hübsch, aber es steht auf keinem guten Platz, sondern in einem abgelegenen Winkel. In der Urne befindet sich sein Haupt. Es wehe auf mich, dachte ich mir, dein ruhiger, klarer Geist ...«

Ja, es wehe auf mich ... ich war dreizehn Jahre alt, als ich zum erstenmal die Stadt betrat, ein mageres, sommersprössiges Bürschchen an der Hand der Mutter. Es hatte die freundlichen Mitreisenden manche Anstrengungen gekostet, uns beiden mit meiner ganzen Aussteuer an verschnürten Bündeln und Schachteln aus dem Zug zu helfen, aber die Not fing erst an, als wir gottverlassen in dem Leutehaufen auf der Straße standen. Kein bekanntes Gesicht weitum, niemand, der uns auch nur einen Blick gönnen mochte, und mir war obendrein sterbensübel. Ich weiß nicht, welchem Heiligen sich die Mutter schließlich empfahl, jedenfalls bekreuzte sie sich entschlossen und suchte nach einem Weg durch das Gewirr der Menschen und Fahrzeuge. Immer wieder versuchte sie, jemand mit einer Frage aufzuhalten, aber während sie ihre Last hinstellte, um zu warten, bis ich artig mein Hütchen gelüftet und wieder aufgesetzt hatte, war der Ausersehene längst verschwunden. Die Mutter hatte übrigens genug damit zu tun, scharfäugig nach Gefahren auszuschauen, die uns Schritt für Schritt bedrohten, trabende Pferde im Rücken oder die Straßenbahn, die uns mit Klingeln und Kreischen unter die Alleebäume jagte. Endlos zog sich der Weg, Mut und Kräfte schwanden dahin. Aber Gott erbarmte sich, er schob uns Hals über Kopf durch ein prächtiges Gittertor, und plötzlich standen wir in einem Garten, als ob sich das Paradies für uns aufgetan hätte, nicht anders. Wir waren ja offenkundig auch hier fehl am Platz – Springbrunnen und Blumen und Rosenranken vor einem Schloß, das alles mochte vielleicht dem Kaiser gehören. Aber wir konnten uns doch fürs erste auf einer Bank niederlassen, um Atem zu schöpfen, ehe uns ein fürstlicher Trabant kaltherzig auf seine Hellebarde spießte.

Nun, es geschah nichts dergleichen. Geraume Zeit blieben wir unangefochten auf dieser Bank in der warmen Sonne. Die Mutter saß schweigsam neben mir nach Art der Landleute, die krummen Hände im Schoß ineinander gelegt und die Röcke ein wenig gerafft, damit man einen Saum vom guten roten Unterzeug sehen konnte. Auch mir war gleich wieder wohler ums Herz, hier gab es doch Gras und Strauch, vielerlei vertraute Dinge und Geräusche, ein Specht schnarrte irgendwo, und Schwalben schossen durch die Luft. Der Garten schien unermeßlich groß zu sein, aber fern über den Baumkronen sah ich die Türme der Stadt, sie schimmerten blaßgrün in dem rauchigen Dunst. Nur die Festung ragte ins klare Licht hinauf, und sie war gewaltiger als alles, was ich mir hatte ausdenken können. Viele Menschen schlenderten die breiten Kieswege entlang, Offiziere mit dem blitzenden Säbel unterm Arm, und ihre Damen, engelgleiche Geschöpfe, vom Boden bis zum Hals in lauter Seide und Spitze gewickelt und nur durch ein zierliches Sonnenschirmchen vor dem Hinschmelzen geschützt. Ich fragte, ob diese Leute etwa lustwandelten, es war das ein kostbares Wort aus meinem Märchenbuch, aber die Mutter kannte es nicht. Sie hielt dafür, daß wir nun endlich weiterziehen und nach meiner Herberge suchen müßten. Einmal noch beschleunigte sie den Schritt, als wir an etlichen steinernen Frauenzimmern vorüberkamen, die da splitternackt auf Postamenten standen. Das war nun eben die Stadt: ein Garten voller Lieblichkeit, und plötzlich züngelte die Schlange der Unzucht aus dem Laub!

Wir fanden dann auch wirklich mein Quartier, eine Dachkammer in der Goldgasse. Am andern Morgen brachte mich die Mutter zur Schule, einmal noch malte sie mir ein Kreuz auf Stirn und Mund und Brust, und dann blieb ich allein.

Nach heutigen Begriffen hätte ich bald verkommen müssen, aber nur das Heimweh erwürgte mich beinahe, nicht der Hunger, obwohl ja nur der Zufall mein Nährvater war. Ein wenig half wohl auch meine bauernschlaue Einfalt dazu, sie ließ mich gleich ein Schiebefenster in der Klostertür entdecken, durch das mir zweimal in der Woche die Armensuppe gereicht wurde. An drei anderen Mittagen lud mich das Glück in einer Kochschule zu Gast. Nie mehr im späteren Leben habe ich so seltsame Gerichte verschlungen und auch glücklich verdaut. Am Sonnabend durfte ich bei einem Selchermeister in der Kaigasse einkehren, der mästete mich gleich auch für den Sonntag voraus. Diesem guten Mann habe ich viel Kummer gemacht. Wenn ich vor der Schüssel hockte, umkreiste er mich knurrend, und manchmal hängte er seinen Gast an den Haken der Kälberwaage, weil er nicht begriff, wie ich so viele seiner besten Würste verschlingen konnte, ohne ein wenig Fett anzusetzen.

Überblicke ich jene Zeit, dann ist mir, als hätte ich damals auf einem anderen, milderen Stern gelebt. Oft versuche ich, jungen Leuten zu erklären, wie denn die Welt in jenen Jahren beschaffen war, aber es glückt mir nicht, sie bestaunen weder, was ich ihnen schildere, noch halten sie das meiste auch nur für wünschenswert. Freilich zeigt mein Bild nur sehr gedämpfte Farben, es ist ein langweiliges Bild, ein Idyll. Fast schon zu viel an Aufregung, wenn etwa der Kaiser einmal am Schnupfen litt. Dann beteten die braven Bürger in den Kirchen, und sogar die Freigeister dämpften für eine Weile ihre zügellosen Reden. Denn der Kaiser war auch für sie noch die ruhende, unverrückbare Mitte aller Dinge, nicht nach dem schwachen und schwankenden Willen der Menschen, sondern von Gottes Gnaden. Noch der geringste Untertan konnte in unabwendbarer Bedrängnis um Audienz bitten, und kein Übeltäter wurde gehängt, ehe die bärtige Majestät entschieden hatte, ob die Schlinge geknüpft oder gelöst werden sollte. Es lag nicht an dem, daß der Kaiser etwa jedermann an Geisteskraft überragte, er war nicht gescheit, er war erhaben. Und deshalb kam in ihm das zur Wirkung, was sonst unter Menschen kaum wirken kann, ein einfacher, gutwilliger Verstand. Wäre dem Kaiser gemeldet worden, ein Gelehrter habe ein Atom zertrümmert, er hätte es sehr bedauert, daß einem sonst angesehenen Mann ein derartiges Mißgeschick zustoßen mußte, und im stillen wäre er mit sich zu Rate gegangen, in welchem Ministerium er wohl einen solchen Pechvogel unschädlich machen konnte.

Ich weiß natürlich, das alles würde sich nicht mehr in unsere Zeit fügen lassen. Wir haben zu gründlich aufgeräumt, und wenn wir noch etwas so Altmodisches wie Treue oder Ehrfurcht im Leibe hätten, wüßten wir doch kaum, wem wir sie zuwenden könnten.

Gleichviel, mitunter hänge ich gern solchen Erinnerungen nach, völlig bedeutungslosen Erinnerungen, ich geb es zu. Die Mutter nähte mir, als ich Abschied nahm, zwei Gulden in den Rocksaum, für die äußerste Not. Meine Großmutter hatte die beiden Silberstücke in ihrer Jugend verdient, und nun, nach fünfzig Jahren, waren sie immer noch gute Gulden, der Enkel hätte jederzeit einen Hut voll Kupferkreuzer eintauschen und eine Weile davon leben können.

Aber ich möchte noch einmal vom Garten Mirabell erzählen. Er blieb meine eigentliche Zuflucht, auch im Winter, wenn mich der kahlköpfige Gärtner stundenlang im warmen Glashaus sitzen und die Namen seiner Sämlinge in krausem Latein auf gelbe Brettchen malen ließ, bis der Frühling wiederkam. Längst war mir alles wohlvertraut, die

Goldfische im Wasserbecken, die Figuren aus der Antike, in rätselhafte Balgereien verwickelt, der traurige Adler im Vogelhaus, die Laubengänge und das Labyrinth hinterwärts, in dem sich die Leute seltsamerweise immer zu Paaren verliefen. Leider geriet ich bald in Händel mit dem Parkwächter, er rechnete mich offenbar zu den Spatzen und zu ähnlichem Ungeziefer, das ständig sein Reich des Friedens und der Ordnung bedrohte. Nachmittags, wenn es stiller wurde, pflegte er sich in ein winziges Häuschen zurückzuziehen und dort aus einer heimlichen Flasche zu trinken. Einmal sah ich die Gelegenheit, schlich herbei und drehte den Schlüssel um. Ich weiß nicht, wer meinen Erbfeind schließlich befreit haben mag. Meinerseits ging ich davon, über den Rasen, und ließ den Gefürchteten kaltblütig hinter mir in seinem wankenden Gehäuse toben.

Es kam dann die Zeit, in der mich die Liebe zu plagen begann. Damals wirkte eine Schauspielerin in der Stadt, ein Ausbund an Schönheit und Talent nach meinem Begriff. Diesem Wesen verdanke ich das meiste meiner Kenntnisse in klassischer Dramatik, freilich nur jeweils der zweiten Hälfte, weil es erst nach der Pause möglich wurde, ohne Karte auf einen Stehplatz zu gelangen. Weit ergiebiger für meine Leidenschaft war ja auch die Gewohnheit meiner Dame, in den Irrgängen des Labyrinths ihre Rollen zu lernen. Ich saß dann gern über ihr im Geäst einer hohen Buche, sah die Tränen und hörte die Schwüre der Geliebten, ach, und hätte ihr leicht mit eigenen Versen antworten können, sooft sie den Himmel anrief! In meiner Not erbettelte ich mir eine Rose in der Gärtnerei, der Dauerhaftigkeit halber in einen Topf gepflanzt, und den wollte ich meiner Schönen bei Gelegenheit vor die Füße stellen. Aber es glückte mir nicht. Sie wunderte sich wohl nur ein wenig über einen taubstummen Gärtnerlehrling, der ihr ständig mit demselben Blumentopf in Händen über den Weg lief.

Alles das, alle Romantik der Jugend versank mir dann im Abgrund des Krieges. Nur der alte Garten lebt noch. Manches scheint mir verändert zu sein, mitten im Wasserbecken bäumt sich jetzt ein Flügelroß. Aber das hilft mir nicht, ich bin ein Dichter zu Fuß, kein berittener. Nach jener grünen Bank suche ich vergeblich. Nur der Löwe liegt noch oberhalb auf der Mauerbrüstung und wendet das edle Haupt angewidert zur Seite. Vielleicht stieg ihm damals etwas in die Nase, ein Düftchen von dem Käse, den die Mutter als Wegzehrung in ihrer Strohtasche trug.

Das war Salzburg noch um die Jahrhundertwende, ein schläfriges Städtchen mitten im Bauernland. An Sonntagen konnte man lange auf den Plätzen stehen, ohne eine Menschenseele unterwegs zu finden. Nein, im Rat der Völker galt die einst so hoch angesehene Residenz nichts mehr. Aber allmählich wurde eine andere Stimme laut, eine trostvolle, versöhnliche Stimme, und sie wird nie mehr verstummen. Ich kann nicht von Mozart reden ohne Überschwang, deshalb soll mir ein Berufener zu Hilfe kommen; Edwin Fischer, einer der wenigen echten Musikanten dieser Zeit:

»Wenn ich jemand etwas besonders Liebes antun will, setze ich mich ans Klavier und spiele ihm eine Komposition von Mozart. Ja, mit dem Herzen erleben, das ist das Wort, das die verborgene Tür zum Sinne seiner Klangwelt öffnet. Die natürliche musikalische Entwicklung bringt uns Mozart recht nahe durch die Volkstümlichkeit seiner Melodien, die leichte Faßbarkeit seiner harmonischen und agogischen Struktur. Dann folgt meist eine Zeit der Neigung zu großem Kraftaufwand, der Liebe zum Pathos: kein Ausdruck ist zu stark, nichts prächtig, virtuos und vollgriffig genug. Wir sind Meister Mozart dann ebenso fern wie in der folgenden Zeit des Suchens nach absolut Neuem, nach Raffiniertem, Überhitztem, Revolutionärem oder formell Problematischem, bis uns eines Tages das Licht aufgeht: hier ist alles, Inhalt, Form, Ausdruck, Phantasie, instrumentelle Wirkung mit den einfachsten Mitteln erreicht. An diesem Tage bist du gerettet von allem Suchen, allem Wollen. Hier ist jemand, der wirklich überwunden hat.

Mozart wird immer als jung geschildert. Wenn

man seine Jugendkompositionen ansieht, seine Kunstreisen, Erfolge, Enttäuschungen und Erfahrungen miterlebt, hat man das Gefühl, er war mit zwanzig Jahren weiter als ein anderer Mensch mit fünfzig. Ein Wunder der Vereinigung von Kindlichkeit und letzter Weisheit.

Mozart ist nicht Süßigkeit, ist nicht Artistik, Mozart ist Prüfstein des Herzens. Durch ihn können wir uns schützen vor aller Krankheit des Geschmacks, des Geistes, des Fühlens – hier spricht ein einfaches, nobles, gesundes und unendlich geläutertes Menschenherz in der göttlichen Sprache der Musik.«

Es ist wahr, Mozart wird uns immer als jung geschildert. Die meisten Bilder, wie das rührende mit dem Vogelnest oder das andere vor dem Flügel zeigen ihn in einem Alter, in dem er den Zeitgenossen noch als ein Wunderkind interessant war. Aber kein wirklich bedeutender Maler hat uns durch ein glaubhaftes Bild des gereiften Mannes zu Dank verpflichtet, und auch das letzte, das keiner Meisterschaft mehr bedurft hätte, auch die Totenmaske ist nicht erhalten geblieben. Der Dichter Paul Alverdes berichtet darüber in einer erschütternden Notiz auf einem Tagebuchblatt:

»Ein sonderbarer Mann, ein Graf Deym, der ein Wachsfigurenkabinett sein eigen nannte, hat ihm am Morgen nach seinem Verscheiden die Maske abgenommen. Aber wir sollen uns nicht über das letzte Angesicht des Mannes beugen, der bis in die Stunde der Auflösung hinein Umgang mit seiner Musik als seinem einzigen Vermächtnis hatte. Im Fieberdämmer weilte er in der Aufführung seiner Zauberflöte. Auf der Uhr, die er vor sich liegen hatte, verfolgte er ihren Ablauf von Auftritt zu Auftritt und wähnte den Beifall des Publikums zu vernehmen, der ihn so glücklich gemacht hatte. ›Einmal möchte ich doch noch meine Zauberflöte hören‹, soll er gesagt haben. Ein Kapellmeister Rosner, der zufällig bei ihm saß, begab sich darauf ans Klavier, um ihm das Vogelfängerlied vorzusingen. Am gleichen Tag, es ist der Vortag seines Hinscheidens gewesen, probte er mit ein paar Vertrauten die fertigen Stücke des Requiems durch, an dessen Vollendung er während seines ganzen Schmerzenslagers gearbeitet hatte, sooft es seine rasch absinkenden Kräfte noch zuließen. ›Ei, da stehen die Ochsen wieder am Berge! Das verstehst du noch lange nicht!‹ hatte er über dieser Arbeit in einer Wiederkehr seiner alten Laune zu Süßmayer gesagt. Bei jener letzten Probe deutete er selber die Altstimme an. Als sie an das lacrimosa dies illa gekommen waren, übermannten ihn die Tränen. Er kehrte sich zur Wand und legte die Partitur für immer aus den Händen. In den Todesphantasien der Mitternacht darauf, die ihn entrückte, soll er noch einmal mit dem Requiem befaßt gewesen sein, indem er die Pauken darin mit den Lippen anzudeuten versuchte.

An das Grab, in das sein Leichnam gesenkt wurde, ist außer dem Totengräber von St. Marx vor Wien niemals mehr ein Sterblicher getreten, der gewußt hätte, wer da zu seinen Füßen ruhte. Die wenigen Freunde, die sich bei Schnee und Regen in der Kapelle des Stephansdomes zur Aussegnung eingefunden hatten, sind unter ihren Schirmen nur ein Stück bis zum Tor mit dem Sarge gegangen und haben sich dann des üblen Wetters wegen zerstreut. Ein Kreuz mit seinem Namen ist auch nicht auf seine Gruft gekommen. Es ist ein Armengrab gewesen, das noch anderen Verblichenen, Sarg über Sarg gestellt, die letzte Herberge gewähren sollte, bis sich der Hügel darüber wölbte. Aber auch der Totengräber, der die Stätte allenfalls noch hätte finden können, lange hernach, als einer auf den Einfall kam, nach Mozarts Grab zu forschen, ist kurz nach jener Beisetzung verstorben, und sein Amtsbruder wußte sich an nichts mehr zu erinnern. So ist uns, was sterblich an ihm war, entrückt wie das letzte Bild seines Angesichts, nicht anders, als hätten die Unsterblichen sich gleich hinter dem Tor seiner bemächtigt, um ihn zu sich zu holen.«

Kritiker und Biographen sind mit den schwerhörigen Zeitgenossen Mozarts scharf ins Gericht gegangen, auch mit den Salzburgern, als sie sich, spät und zögernd, anschickten, das Erbe des größten Sohnes ihrer Stadt vor der Welt auszubreiten. Karl Kraus lobte uns, weil wir den Festspielbesuchern so eifrig bei ihrer religiösen Läuterung behilflich sind, damit »Ehre sei Gott in der Höhe der Preise«, und Polgar meint nicht weniger bissig, Salzburg sei zwar geographisch die Geburtsstadt Mozarts, aber er habe sie leidenschaftlich gehaßt und sein Lebtag nichts mehr gefürchtet als eine Nötigung, in ihr verweilen zu müssen. Erst aus dem Sarge heraus habe ihn die Wiege reklamiert, und allein schon die Erfindung der Mozartkugeln sicherten der Stadt unendlichen Zinsengenuß von des Sohnes Unsterblichkeit.

Nun, das ist bitteres Konfekt, schwer zu schlukken. Aber es ist eben immer leichter, für ein Genie zu fechten, wenn es tot ist, als es bei Lebzeiten zu erkennen, und hätte der boshafte Kritiker von heute mit dem starrsinnigen Fürsten von damals die Rolle tauschen können, ich weiß nicht, ob der Prozeß in Sachen Mozart um sehr vieles würdiger verlaufen wäre.

Wir Salzburger sind immer dafür gewesen, daß man Festspiele veranstalte, natürlich, sonst hätten wir ja nicht dagegen sein können. Das waren erregende Zeiten, die Jahre nach dem ersten Krieg, glanzvolle Wochen, als zum erstenmal die Bühne für das Spiel vom Sterben des reichen Mannes am Domplatz aufgeschlagen wurde.

Welch ein kühnes, unerhörtes Unterfangen, die Stadt selbst zur Szene zu machen! Noch habe ich den Celloklang der Stimme Moissis im Ohr, sein »Mann, da gehst du in der Irr...«, oder den beklemmenden Anruf des massigen Todes, wie ihn Werner Kraus über den Platz hallen ließ, die Stille zersplitternd. Nichts, was der hungrigen Leidenschaft unserer Gemüter zu groß, zu entlegen, zu gewagt erschienen wäre. Kafka wurde entdeckt und Trakl, Faistauer lebte noch und war mit uns jung, der bäuerliche Aristokrat, über allem aber stand das Theater, Hofmannsthal und Reinhardt. Es fehlte nicht viel, und ich hätte damals die kußfaule Muse der Dichtkunst für immer entlassen, um Schauspieler zu werden. Als das große Welttheater in der Kollegienkirche inszeniert wurde, kam ein Hilfsregisseur auf den abwegigen Einfall, mich mageren und häßlichen Burschen zusammen mit meinem fülligeren Freund als Bischof auf die Bühne zu schicken. Einmal stellten wir beide uns in stummer Pose wie barocke Figuren auf einen abgeräumten Seitenaltar, um Reinhardt auf diese Weise herbeizulocken. Der Zufall führte ihn auch wirklich des Weges, er stutzte ein wenig und lief kopfschüttelnd weiter, und der Augenblick unserer entscheidenden Berufung war vorübergehuscht. Ein andermal traf ich Moissi unter dem Gerüst der Bühne, während er, gleich mir, auf sein Stichwort wartete. Es verschlug mir den Atem, als er plötzlich zu mir trat, abwesenden Auges, aber er sagte nichts, er zupfte nur einen Strohhalm von meinem Ornat, und den nahm er dann gleich mit auf die Bühne, um daran zu kauen, die Kritik hat es als einen besonders geistvollen Einfall beifällig bemerkt.

Was verschlug es, daß wir keinen Platz an der Tafel der Großen fanden und nur Zaungäste waren bei den rauschenden Festen und Empfängen, die der Magier auf seinem Schloß in Leopoldskron veranstaltete. Wir erlebten noch genug am Rande, mit Pallenberg zum Beispiel, der manchmal ein Glas Bier im Sterngarten mit uns trank und es auch bezahlte, derselbe Mann, der uns nachher liebenswürdig und hinterhältig von der Bühne herab begrüßte: »Freunde! Mitbürger! Salzbürger!« – Pallenberg saß gern unter dem Volk, nicht zu ihm gehörend, aber mit dem Ohr an seinem Herzen, darum konnte er sonderbare Geschichten erzählen, nur so nebenbei, mit einem Unterton ehrlicher Erstauntheit, als verstünde er die Sache selber nicht ganz. Da hätten zwei Züge auf dem Bahnhof gestanden, sagte er, die beide ins Gebirge fuhren, und er habe den Mann mit der Mütze gefragt, welcher von beiden wohl an einer bestimmten Station stehen bliebe. Der Mann sei gleich sehr interessiert an der Sache gewesen. »Der hier«, habe er schließlich entschieden, »der hier sicher nicht. Der schon eher!«

Und wieder ist es so weit, Salzburg hat sich zum Fest geschmückt. In diesen Wochen wird die Geliebte zur großen Weltstadt, mehr noch, zur Stadt der großen Welt. Die Wogen des Verkehrs branden über die Brücke, und man stolpert selber mit, an Leib und Seele gefährdet, weil man nicht grün oder rot, sondern lauter schöne Frauen sieht, die in Schwärmen wie das attische Geflügel in die Stadt gefallen sind. Aber der Wachmann ordnet ja alles mit seiner souveränen Ruhe, und wenn einmal eine alte Frau mit ihrer Tasche voll Gemüse unter seiner Kanzel hilflos strandet, dann steigt er herab und bringt sie geduldig wieder in Fahrt: »Schauns, Frau Mutter, gehns nur schön weiter, sonst wachst Ihnen noch der Salat aus!«

Es wimmelt von Prominenz in den Gassen und Kaffeehäusern, aber man muß schon eine Supernova am Himmel der Berühmtheit sein, um hier noch aufzufallen. Die ganz Kostbaren wohnen natürlich außerhalb der Stadt – und wenn man Glück hat, kann man mitunter billig etwas Teures zu hören bekommen.

Gelegentlich sticht einen auch wohl selber der Hafer der Eitelkeit, man gibt sich also ein bedeutendes Ansehen und schlendert ein wenig durch das Café Bazar, als wollte man nur eben einem zugereisten Geistesfürsten Guten Morgen wünschen. Und wahrhaftig, da hört man es auch schon hinter sich flüstern:

»Du, schau – das is der Waggerl!«
»Der? – Oje, jetzt fallt mir alles runter!«

Nun, es ist besser und gewissermaßen auch vornehmer, sich im Hintergrund zu halten. Man kann ja immer noch auf den Mönchsberg steigen oder sonst irgendwo in Frieden sitzen und über die Stadt hinschauen, die mondbeglänzte, mit einem vertrauten Vers im Ohr:

> Wie kann ich schlafen, wenn im Fenster steht
> Die Festung und der Mond,
> Wie kann ich schlafen, alle Brunnen rauschen,
> Wie kann ich schlafen, wenn der Heuwind
>   weht,
> Wie kann ich schlafen in dem langen
>   Lauschen
> Auf einen Glockenschlag, der wandern geht.
> Wie kann ich schlafen, auf der Brücke
>   bauschen
> Sich helle Fahnen, und vom Berg gerät
> Man an der Kuppeln Dunkelheit. Es lebt
> So viel Musik darin. Es ist nicht spät.
> Der Mond ist voll, auf seinem Leuchten
>   schwebt,
> Auf Melodien mein Bett,
> Wie kann ich schlafen ...

Ja, der Sängerin sei Dank für diesen Trost – es ist nicht spät. Der Mond ist voll. Es müßte eigentlich auch nicht sein, daß man dann neben sich eine sonderbare Frage hört:

»Sou? Is that the same moon we have back in the States?«

Tatsächlich, es ist derselbe Mond, drüben und bei uns. Der sparsame Himmel hat nur diesen einen für Arme und Reiche, für Gerechte und Ungerechte. Einmal war unser Vaterland so groß, daß die Sonne darin nicht unterging. Jetzt hat sie kaum noch die Möglichkeit, aufzugehen. Aber was macht es aus? Ist Größe etwa eine Frage der Dimension?

Eiermalen

Was wäre das Osterfest mit allem seinem Glanz und seiner Freudigkeit, wenn es die bunten Eier nicht gäbe? Welch ein wunderbares Ding ist ein Ei, wie wohlig fühlt sich seine Rundung an, es sucht das warme Nest, wenn es in die hohle Hand schlüpft. Man muß nun den Pinsel in die Farbe tauchen und unbekümmert zu malen anfangen; nichts ist leichter als das, es gibt keinen Menschen, der es nicht kann, außer er wäre ein ganz besonders gescheiter Mensch, der solch ein kindisches Getue verachten müßte. Ein Punkt gelingt ja immer, ein Sternchen auch, hier und dort, oder eine Reihe von Kringeln rundherum, und schon ist der Zauber geglückt. Ach, hätte der gescheite Mensch es doch versucht, er würde hüpfen vor Vergnügen, weil ihm endlich einmal etwas außer allem Zweifel gelungen wäre! Man kann das Ei auch in einen Becher setzen, dann läßt es sich an der Pinselspitze entlang drehen, und man darf es sogar wagen, einen Spruch darauf zu malen, »Frohe Ostern« etwa, oder »Aus Liebe, Kreszentia«. – Kreszentia würde ich natürlich nicht schreiben, ich wähle diesen Namen nur als Beispiel und um des häuslichen Friedens willen. Die Möglichkeiten sind ja unerschöpflich. Ich habe schlaue Leute gekannt, die schnitten

Figuren aus Papier und klebten sie auf das Ei, und dann stupften sie mit dem Pinsel oder sprengten mit einer harten Bürste Farbe darauf, das sah immer sehr vornehm aus, wie Marmor. Und wieder andere, die ein bißchen Kunstfertigkeit besaßen, bemalten das ganze Ei mit einerlei Farbe und kratzten dann mit der Messerspitze Figuren heraus. Dabei ist keinerlei Unheil zu besorgen, ich habe bloß vergessen zu sagen, daß die Eier natürlich vorher gekocht werden müssen.

Am besten aber, so schön wie ich es nie wieder gesehen habe, gelangen die Ostereier, wie sie meine Mutter färbte. Es gab eine Schachtel daheim, in der das Jahr über allerlei Buntes gesammelt wurde, Papier, Bänderreste, alles kleingeschnitten. In der Osterwoche durfte ich dann mit der Mutter zum Krämer gehen, und ich sah, wie sie sich seltsame Dinge aus den alten Töpfen geben ließ, braune Holzspäne, die sie »Fernambuck« nannte, oder kleine Kugeln aus einer erdigen Masse, man mußte sie später mit dem Messer schaben und gewann beim Färben ein wunderbar leuchtendes Rot. Eben in den unscheinbarsten Zutaten verbargen sich die aufregendsten Überraschungen, in braunen Zwiebelschalen zum Beispiel, die ein sattes wolkiges Gelb abgaben.

Das Köstlichste hatten wir Kinder selbst beizusteuern. Immer am Gründonnerstag wurden wir ausgesandt, um gewisse Farnkräuter zu suchen,

Kresse und vor allem die zarten Triebe des Geißfußes. In manchen Jahren, wenn Ostern in den ersten Frühling fiel, war das schwierig, überall lag noch hoher Schnee, und man mußte stundenlang herumstöbern, bis sich irgendwo an einem warmen Quell das Gesuchte entdecken ließ. Durch und durch naß und durch und durch glückselig brachten wir unsere hinfällige Beute heim. Die Kräutchen wurden sorgsam in das Gebetbuch der Mutter gelegt und bis zum Karsamstag darin aufbewahrt. An diesem Tag stand schon morgens, wenn wir aufwachten, der große Topf mit Salzwasser auf dem Herd. Ich sehe wohl, daß es mir nicht möglich ist, auch nur ungefähr unsere Erregung zu beschreiben. Zunächst wurden wir alle gebadet und bis in unsere Leibeshöhlen hinein unbarmherzig gesäubert, denn, obwohl wir eine Stunde später schon wieder wie Stieglitze gesprenkelt waren, sollte uns doch die Heiligkeit unseres Vorhabens eindringlich bewußt werden. Die Mutter gab uns Leinentücher von der Größe eines Schnupftuches, und darauf streuten wir nun, was in der Schachtel und sonst auf Tellern und in Tassen bereitstand. Auch der Vater saß dabei, und an der Art, wie er mit seiner gütigen Schläue bedächtig eins zum andern legte, zuletzt die Kräuter auf das sauber gewaschene und noch feuchte Ei, an seinem wortlosen Beispiel beruhigte sich allmählich auch unser ungeduldiger Eifer. Wenn alles fertig bereit lag, ließ die Mutter unsere mit einem Faden verschnürten Bündel in das kochende Wasser sinken. Indessen aber mußten wir auf dem Boden knien und drei Vaterunser beten, nicht in bedenkenloser Hast wie sonst, sondern sorgfältig, das »Gib uns heute« und das »Erlöse uns von allem Übel«. Amen! sagte die Mutter zuletzt. Sie bekreuzte sich und den Vater und uns der Reihe nach, und dann hob sie die dampfenden Osterfrüchte aus dem Topf und legte sie in die große Schüssel. Ach, da saßen wir in der Runde und verbrühten uns die Finger in unserer unbändigen Neugier, bis sich endlich das erste Ei aus der Hülle schälen ließ. Deutlich, mit einem unirdisch zarten Grün, zeichneten sich die Kräuter ab, und dazwischen glühte es von Farben, bis in eine unergründliche Tiefe hinein, nicht zu beschreiben, man konnte so ein Ei, mit Butter eingerieben, minutenlang zwischen Daumen und Zeigefinger drehen und sich doch nicht satt daran sehen.

Am Ostermorgen freilich hatte sich das Wunder zum Abenteuer gewandelt. Wir zogen mit unseren drei Eiern in den Taschen auf den Kirchplatz, um jedermann zum Zweikampf herauszufordern. Ich hatte sonst im Leben mit dergleichen Händeln nicht viel Glück gehabt, aber einmal kam ich doch zu unerwarteten Ehren. Die Mutter hatte mir nämlich eine Henne geschenkt, ein winzig kleines, kränkliches Huhn. Sie war sonst nicht eben freigebig, aber vielleicht wollte sie einmal mein Herz prüfen, ich weiß heute noch nicht, was alles diese seltsame Frau hinter ihren kühlen Augen verbarg.

Jedenfalls, so Unmögliches meine Liebe und mein Unverstand diesem Huhn zutrauen mochten, es gedieh. Und eines Morgens legte es, zu seinem eigenen Entsetzen, das erste Ei, nicht ganz nach der hergebrachten Form und viel zu klein, aber immerhin ein Ei. Stundenlang saß die Henne nun in ihrer Sandkuhle und horchte gleichsam in sich hinein, während ich bäuchlings vor ihr lag, um ihr zuzureden, sie möchte doch sehen, daß ihre Eier bis Ostern ein bißchen größer würden. Dann nickte sie gutwillig und sagte etwas Geschwindes in ihrer wunderlichen Sprache. Aber was sie auch vorhaben mochte, nein, es glückte ihr nicht. Und so mußte ich also am Ostertag sozusagen mit drei Wachteleiern auf den Kirchplatz rücken. Wer es nicht weiß, dem ist zu erklären, worauf es ankam. Man mußte den Boden des Eies, von der Faust so eng wie möglich umschlossen, dem Gegner preisgeben, aber man konnte auch versuchen, das Ei des anderen mit der Spitze des eigenen zu zertrümmern. So gewann man, oder verlor ein Ei. Nun wollte es mein Unstern, daß ich gleich an die Nachbarstochter geriet, die ich heimlich liebte und öffentlich verabscheute. Sie hielt mir höhnisch lächelnd ein riesiges Ei in beiden Händen entgegen und zeigte nur ein winziges Fleckchen davon. Ich schloß die Augen und schlug zu, aber als ich sie wieder aufmachte, war mein Wachtelei durchaus nicht zerbrochen, sondern das andere, das Gänseei. Vielleicht hatte mir meine Henne ihr Geheimnis längst mitgeteilt, daß sie nämlich Eier von der Härte des berühmten Kohinoor legen konnte, ich verstand sie nur nicht, und nun kam ich zu unerhörten Erfolgen an diesem Tag. Die Liebe meines Mädchens verlor ich zwar, aber dafür gab es kein Ei in der ganzen Gegend, das mir standhielt, ich mußte schließlich nach Hause gehen, nur weil mein Hut und meine Taschen den Segen nicht mehr fassen konnten.

Meine Henne hat noch drei Jahre gelebt, ich schützte sie mit aller Leidenschaft meiner Zuneigung vor dem Ende im Suppentopf. Später verloren ihre Erzeugnisse ja an Schlagkraft, und einmal im Herbst starb sie mir. Ich begrub sie unter einer Birke und schnitt ihren Namen in die Rinde. Noch vor zwei Jahren habe ich ihr Grab besucht.

Freundschaft mit Büchern

Aus meinem Kindesalter sind mir zwei Bücher in dauernder Erinnerung geblieben, ein geistliches und ein weltliches. Das eine war das Gebetbuch meiner Mutter. An Sonntagen, wenn ich neben ihr im Kirchenstuhl hockte und auf die unschicklichste Weise alles versuchte, was mit bloßen Händen und Füßen gegen die Langeweile zu unternehmen ist, dann sah die Mutter plötzlich zürnend auf mich nieder und gab mir das heilige Buch. Sie hätte sichtlich gern ein Kopfstück vorangehen lassen, aber das durfte sie nicht, die Kirchenbank war eine Freistatt aller Sünder, und selbst ein Scheltwort kam hier tonlos und nur mir erkennbar von ihren Lippen. So saß ich also beglückt und warm zwischen weiten Frauenröcken eingebettet, hielt das Buch auf meinem Schoß und blätterte darin. Schon der Druck war wunderlich genug, groß und verschnörkelt, Gottes oder Christi Namen standen immer rot dazwischen und füllten eine ganze Zeile. Ich buchstabierte seltsame Anrufungen und Litaneien, darin die Muttergottes ein elfenbeinerner Turm genannt wird, ein goldenes Haus, eine Arche, und sie nimmt es nicht übel. Vor allem aber betrachtete ich immer wieder die vielen losen Bilder zwischen den Blättern. Da gab es Andenken an

Wallfahrten, die sich meine gute Mutter für das Heil der Ihren auferlegt hatte, manche kostbar bemalt oder mit Goldstaub bestreut und andere, die man auseinanderfalten konnte, und dann kam unsere liebe Frau zum Vorschein, schwarz von Angesicht und ein wenig einer gesprenkelten Motte ähnlich. Auf etlichen Blättchen sah man Heilige abgebildet, die wurden einem nach der Beichte geschenkt, damit der Büßende nicht ganz ohne Trost und Beistand blieb ... Am zahlreichsten aber waren die Sterbebilder. Ich fand unsere ganze jenseitige Verwandtschaft im Gebetbuch der Mutter versammelt. Einige hatte ich selber bei Lebzeiten gekannt, dann verschwanden sie plötzlich und tauchten in diesem Buche wieder auf. Viele aber waren mir ganz fremd, die Mutter nannte mir ihre Namen, wenn ich auf dem Heimweg danach fragte, und knüpfte ein mahnendes Wort daran. Der war liederlich, sagte sie, und deswegen fiel er in den Wildbach, merk dir das. Noch schlimmer stand es mit anderen, etwa unserem Großvater, von dem die Sage ging, daß er als Bergführer eine Goldader entdeckt hatte, aber vorzeitig krank wurde und als der düstere Mensch, der er war, mit seinem Geheimnis zu Grabe ging. Manchmal, wenn ich sommers um Beeren geschickt wurde, nahm ich heimlich sein Bild mit mir, des Glaubens, er werde es sich doch nicht versagen können, ein bißchen mit den Augen zu zwinkern, wenn ich zufällig seinem

Schatz auf die Spur käme. Aber das tat er nicht, er blieb verschlossen, ein unheimlicher Mann mit seinem schwarzen Wangenbart, Gott verzeihe ihm. Wir könnten alle in Freuden leben, wenn er nur rechtzeitig den Mund aufgetan hätte.

Das andere, das weltliche Buch aber war der Kalender. Den kaufte der Vater im Spätherbst auf dem großen Jahrmarkt, und wenn der dicke Band endlich erstanden war und sicher in meinen Armen lag, dann hatten alle Buden mit Knallbüchsen und Rollschlangen, mit Lebkuchen und türkischem Honig keinen Reiz mehr für mich. Denn der Kalender barg unerschöpfliche Schätze an Kurzweil und Erbauung für ein ganzes Jahr. Die eigentlichen Kalenderseiten blieben freilich der Mutter vorbehalten. Sie merkte dort an, wenn nach Gestalt des Mondes und nach den Tierkreiszeichen unsere Haare geschnitten oder die Bohnen im Garten gelegt werden mußten. Das war eine geheime und weitläufige Wissenschaft, in der nur die Mutter Bescheid wußte, und selbst der Vater zweifelte offenbar nicht daran, daß sie es gewissermaßen in ihrer Macht hatte, uns alle mit krausem Haar vom Widder oder mit glattem vom Wassermann zu versehen.

Aber der übrige Teil des Kalenders gehörte mir. Wochen brachte ich allein damit zu, die Bilder alle farbig auszumalen oder nach meinem Gefallen zu ergänzen, und dann waren noch immer die Geschichten nicht gelesen, die Merkwürdigkeiten der Welt nicht bestaunt, kein Rätsel war gelöst und kein Spaß war verstanden. Beiläufig gesagt, ich konnte mich an Scherzen überhaupt nicht belustigen, ich wollte jeden ergründen. War etwa von dem Gast die Rede, dem der Kellner die Fliege in der Suppe als Fleischgericht anrechnet, so plagte ich den Vater tagelang mit dieser Fliegengeschichte, sie war für mich kein Scherz, sondern eine bitterernste Rechtsfrage.

Bitterernst nahm ich auch alle anderen Erzählungen. Der Kalendermann hatte einen seherischen Blick für alles Rätselhafte und Künftige, und wenngleich die Mutter meinte, ein Mensch werde niemals fliegen lernen, es holte ihn denn der Teufel, so glaubte ich doch an das Wunder, und mein Glaube hat recht behalten. Ich las die Berichte von den Abenteuern frommbeherzter Missionare, die ergreifenden Beispiele vom Kampf der Tugend gegen die Mächte der Finsternis – ach, nie wieder im Leben ist mir das Gute so liebenswert, das Böse so verächtlich erschienen! Manche dieser Geschichten könnte ich noch heute nacherzählen, heute freilich nicht ohne ein Lächeln. Aber vielleicht macht es gar nicht sehr viel aus, daß ich zu allererst bei einem einfältigen Kalendermacher statt bei einem größeren Licht des Geistes in die Lehre ging. Und heimlich hole ich mir noch immer Rat aus der Erinnerung, wenn mein eigener Witz versagt, und alle Weisheit, die auf Stelzen geht.

Um jene Zeit kamen auch andere Bücher in meine Hand, aber die waren mir viel weniger lieb. Denn zwischen der ersten Fibel und dem Leitfaden der Naturgeschichte für die Oberstufe senkte sich immerfort Schulstaub und Mühsal auf meine Kinderwelt herab. Die Mutter hätte es für sündhaft gehalten, ein Buch zu kaufen, das nicht zum Lernen oder sonst für einen nützlichen Zweck taugte. Brachte ich gelegentlich eines nach Hause, wie sie von vergeßlichen Kurgästen auf den Ruhebänken hinterlassen wurden, so verschloß sie es zwar gleich in der Nählade, damit ich nicht daran verdürbe, aber ich hatte es längst gelesen, weit schneller, als meine gute Mutter es für möglich hielt, und sie wunderte sich nicht wenig, daß ich ihr Fortgang und Ende gleichsam weissagen konnte, wenn ihre eigene Neugier noch kaum über die ersten Seiten hinaus war.

Meine Lesegier brachte mich damals auf bedenkliche Abwege. Ich kletterte zum Beispiel durchs offene Fenster in das Lesezimmer eines Hotels und holte heraus, was mir passend schien, bis ich einmal von einem Gast überrascht wurde, als ich eben mit dem wenig anziehenden ersten Band der römischen Altertümer wieder angeschlichen kam. Der freundliche Mann hatte seinen Spaß an meinem verworrenen Geständnis, schließlich erbot er sich, mir ein Buch im Laden zu kaufen, und weil ich ums Leben nicht mit ihm durch die Halle und am Portier vorbeigegangen wäre, schlug er sich völlig auf meine Seite und stieg mit mir durchs Fenster hinaus. Und dann stand ich wirklich im Buchladen und durfte wählen, mein Freund geriet selber in Aufregung und hieb sich eins ums anderemal den Kneifer auf die Nase, bis ich mich endlich für Robinson entschied. Den kaufte er mir, ohne auch nur einen Groschen abzuhandeln.

Ach, wie habe ich dieses Buch geliebt! Ich besaß es noch, als ich längst den Kinderstrümpfen entwachsen war und meine Jugend in den Schützenlöchern und Kavernen der Gebirgsfront begraben mußte. Irgendwo verlor ich es, auf dem Marsch oder in der traurigen Dämmerung der Gefangenschaft, ich weiß es nicht mehr, damals verlor ich viel. Es gesellte sich in diesen Jahren ja auch manches andere Buch zu mir und wurde nicht eben wert gehalten, aber einige blieben mir doch dauernd, aus Zufall oder weil sie mir wahrhaft lieb waren.

Später, als ich ins Stille geriet und mein Leben im Dorf einzurichten begann, fügte es sich bei meinem Hang zum Handwerk ganz von selbst, daß ich mich mehr und mehr auch mit dem Äußeren des Buches befaßte, mit seiner dinglichen Gestalt. Viele vergilbte Schwarten habe ich mühsam zerlegt, um den alten Meistern hinter ihre Schliche zu kommen. Ich sah mit Bewunderung, wie sie das Vorsatz falzten oder das Kapital umstachen und noch den Heftfaden kunstvoll über die Bünde schlangen, obwohl das nie jemand zu Gesicht bekam. Schließlich lernte ich es doch, und daran habe ich noch immer meine Freude. Stehe am Schrank vor den schön gewandeten Büchern, befühle das köstliche Leder, schlage eines und das andere auf und suche darin nach dem Wort, das mir lieb ist. Und so wird es wohl auch bleiben: am liebsten binde ich Bücher, weniger gern lese ich welche, und am wenigsten mag ich sie selber schreiben.

II

Der Berg

Vor einiger Zeit überraschte mich ein waghalsiger Verleger mit dem Auftrag, ich möge ein Buch über den »Berg« herausgeben und ein Vorwort dazu schreiben. Sonst habe ich ja eine verläßliche Abneigung gegen alles, was nur von weitem nach Arbeit riecht. In diesem Fall aber berauschte mich die köstliche Vorstellung, daß ich ja nur zu sammeln brauchte, was andere Leute geschrieben hatten, eine trügerische Vorstellung, wie sich nachher zeigte. Ich begann also mit einem mir selber unheimlichen, ameisenhaften Fleiß in der alpinen Literatur zu stöbern, und dachte natürlich auch darüber nach, was denn das überhaupt sei: ein Berg. Dieses eine Mal, sagte ich mir, mußt du anstandshalber gründlich zu Werke gehen und einen genauen Begriff von der Sache liefern, eine Definition. Ich lief zum Doktor ins Dorf hinunter und bat ihn um sein Lexikon. Das stammte freilich aus einer recht entlegenen Zeit, aber auch die Berge sind ja nicht von gestern, geschweige die Wissenschaft. Ich fand da gedruckt, ein Berg verstünde sich als eine deutliche, eng begrenzte Bodenerhebung, als das offensichtliche Gegenteil des Tales sowohl wie der Ebene, während wiederum, was den Hügel betreffe, die Unterschiede zwar merklich, jedoch unbestimmt und fließend seien. Gewiß ein eindeutiger Bescheid. Indes, als ich nun versuchte, meine eigenen Erfahrungen und die angesammelten Zeugnisse anderer mit diesem Maß zu prüfen, überkamen mich allerlei Zweifel. Vielleicht war es doch besser, wenn ich auf allen Glanz der Gelehrsamkeit verzichtete und mich mit dem begnügte, was mir von selber einfiel, ungeachtet der Gefahr, daß das, was ich sagen will, wieder einmal nicht dorthin gehört, wo ich es gesagt habe.

Zu allen Zeiten meines Lebens, soweit ich mich zurückerinnern kann, immer schauten Berge auf mich herab. Auch dort, wo ich geboren wurde, war eigentlich gar kein Platz für eine Menschenbehausung. Die weißhäuptigen Riesen standen sich Fuß bei Fuß gegenüber, sie verschränkten sozusagen auch noch ihre Zehen, und Bach und Straße mußten sich mühsam darüber oder darunter durchwinden. So lernte ich früher klettern als laufen, es gab kaum einen ebenen Fleck um das Haus. Ständig war da Schatten und drohendes Gedröhn, und aus der dämmrigen Schlucht wehte der kühle Atem des Baches herauf.

Zuweilen geschah ein Wunder, ein Regenbogen schwang sich durch den Wasserstaub. Dann war es Sommer, und die Sonne schien auch bei uns in die Stube hinein. Aber bald verließ sie uns wieder, viele Wochen lang, die Felsen ringsum starrten von blauem Eis. Die Sonne hatte es ja selber schwer genug auf ihrem kurzen Weg in der Himmelshöhe, dem einen Berg entrann sie am späten Morgen, und am frühen Abend verschlang sie der andere wieder. Die fernen Gipfel kochten auch das Gewölk, aus dem der Regen rauschend niederging. Dann bewarfen sie einander mit feurigen Blitzen, sie brannten sich Löcher in ihre grünen Mäntel, und die Fenster klirrten von ihrem Donnergelächter. Für die großen Herren mochte das bloß ein Spiel sein, Ungewitter und Schneestürme, Wildwasser und Lawinen, aber uns kleinen Leuten ging es oft beinah ans Leben. Ich schlief noch im Gitterbett, da weckte mich die Mutter eines Nachts. Eine graue Helle erfüllte unsere Kammer, es roch faulig und feucht, und vor dem Muttergottesbild flackerte eine Kerze. Ich mußte eilig aufstehen und alles anziehen, was ich besaß, sogar mein Hut wurde mir aufgesetzt, was doch sonst nur zu den heiligen Zeiten geschah. Von draußen drang ein grollendes Getöse herein, anders als bei einem Unwetter, gefährlicher. Ich lief zum offenen Fenster, und ehe mich die Mutter zurückholen konnte, hatte ich etwas Unbegreifliches gesehen: Der Bach war aus der Tiefe bis zu uns heraufgestiegen. Eine schwarze, wild schäumende Flut schoß an der Wand des Hauses vorüber.

Lange saß ich beklommen auf meinem Schemel, der Hut drückte mich an den Ohren, aber ich wagte nicht, ihn zu lüften. Was uns da bedrohte, war mir unbegreiflich. Ein Unheil eben, wie schon oft, wenn die Mutter so wie jetzt rastlos hin und wider lief, die Hände unter dem Kinn gefaltet. Manchmal erschütterte ein dumpfer Stoß das ganze Haus, dann lief die Mutter ein wenig schneller, – helf uns Gott! flüsterte sie. Ja, – vielleicht stieg dieses schwarze Wasser immer höher und kam zum Fenster herein? Warum war der Vater nicht da? Wo ist der Vater? fragte ich. Aber die Mutter winkte mit der Hand, daß ich schweigen sollte.

Es währte lang. Der helle Tag kam herauf, und es währte noch immer, aber ich weinte nicht und schluckte alle Tränen hinunter. Dann klopfte es plötzlich, die Mutter schrie auf, und da stand er in der Tür, der alles Unglück abwenden konnte, der Vater.

Ja, sagte er einfach, da bin ich. Am Abend sei er von der Arbeit weggegangen und noch über die Brücke gekommen, obwohl der Bach schon über die Bohlen schoß. Hinter ihm her lief ein Mann mit einem Karren, dem wollte er noch helfen, aber da krachten die Joche plötzlich zusammen. Dann sei er ins Wasser geraten, alles finster, und die Straße weggerissen. Er habe hinauf in die Erlen klettern müssen, immer höher bis unter eine Wand, und das Wasser sei ihm langsam nachgestiegen. So mußte er in den letzten Sträuchern hängen, bis es Tag wurde. Was weiter, es wurde Tag.

Indessen überschlug sich die Mutter beinahe am

Herd. Ich brachte die Pfeife und zog dem Vater die Stiefel aus, er half mit dem anderen Fuß an meinem Hinterteil nach wie immer. Dann ging er gelassen an das Fenster, um das Wasser aus den Schäften zu schütten. Nimm den Hut herunter, sagte er zu mir, es fällt ja schon, das Wasser!

Der Berg war der Brotherr unserer ganzen bäurischen Sippschaft, ein harter Herr und ein karges Brot. Der älteste meines Namens, den ich noch kannte, der hauste als Wetterwart auf dem Hohen Sonnblick, er hieß Adam. Der Reichste und unser aller Vorbild besaß einen Kramladen, der Ärmste und deshalb der Lustigste war Spielmann, und dazwischen gab es eine Unmenge von Vettern und Basen, die alle wenig zu vererben hatten, gewöhnlich nicht einmal einen rechtschaffenen Namen. Ich sage das ja auch nicht, um etwa mit meiner großen Verwandtschaft zu prahlen, sondern weil dieses zwielichtige Volk sich meisterhaft auf die Kunst verstand, jede Gelegenheit auszuspähen, die einen Menschen in der bergigen Wildnis ernähren konnte. Von den Weibern will ich nicht reden, das wäre zu heikel. Die Burschen, solang sie jung waren, die lebten vom Holz, von schwerer, aber einträglicher Arbeit, alles im Akkord, versteht sich. Im Sommer werkten sie wochenlang in den glutheißen Schlägen, im Winter vor dem Schlitten. Mit vier oder fünf riesigen Blochen hinter sich fegten sie die steilen Ziehwege herab. Gelegentlich habe ich es auch einmal mit solch einer Fuhre versucht, und nur durch Gottes Langmut kam ich mit dem Leben davon.

Die Älteren dienten als Fuhrleute oder als Knechte auf den Höfen. Zehn Gulden Lohn im Jahr waren damals schon viel. Aber es gab ja allerlei geheime und nicht immer ganz saubere Rinnsale nebenher, aus denen man bei Gelegenheit schöpfen konnte. Einer war jahrelang Hüter auf der Roßalm, dorthin brachten die Bauern ihre Gäule und das Jungvieh. Ich besuchte ihn oft, die Hütte lag in einem grasgrünen Kessel, ringsher von senkrechten Wänden umstellt. Der Vetter lehrte mich ein richtiges Mus zu kochen und die magere Milchkuh zu versorgen, die uns beide ernähren mußte. Er selber saß lieber in der Tür und spähte in die Felsen hinauf. Ich dachte, daß ihm vielleicht die jungen Stiere so am Herzen lagen, weil sie gern über die Schuttkegel kletterten und sich verstiegen und dann jämmerlich aus den Schrofen brüllten. Um sie bei der Suche nicht noch weiter in die Wände zu treiben, mußte man trachten, von oben heranzukommen, gewöhnlich auf recht waghalsigen Wegen. Damals dachte ich mir nichts dabei, ich war dürr und klebrig wie ein Kienspan, und so fand ich immer irgendeinen Halt für meine Finger, deren ich ja zwanzig hatte, die Zehen mitgerechnet. Eines Abends, als uns wieder ein Stück fehlte, ging der Vetter mit mir in das Kar hinein. Keine

Eile, unter einer Zirbe rasteten wir, und da fragte er beiläufig, ob ich wohl noch ein wenig weiter suchen wolle. Wenn mir irgend etwas Vierbeiniges begegnete, sollte ich es nur getrost zu ihm heraustreiben. Gut, aber ich geriet auf meinem Weg immer höher in die Wände hinauf. Plötzlich, in einer glatten Rinne, prasselten Steine, etwas Höllenschwarzes stob unter mir davon, und ich hatte nicht einmal eine Hand frei, um mich zu bekreuzigen. Nach einer Weile, als ich mich vorsichtig umsah, zog ich den Kopf gleich wieder ein, denn es krachte unten im Kar von einem Büchsenschuß.

Den Vetter fand ich erst in der Hütte wieder. Er saß am Herd und kochte frisches Fleisch im Kessel, und von einem Schuß wollte er durchaus nichts gehört haben. Rinnsale sagte ich vorhin.

Wieder ein anderer, ein Onkel, war Bergführer, ein ansehnlicher Mann mit einem gewaltigen Schnurrbart. Ich begriff nicht, wie ein Mensch davon leben konnte, mit Seil und Pickel auf dem Kirchplatz zu hocken und auf Narren zu warten, auf Leute, die nicht einmal ein Schaf besaßen oder sonst etwas, wonach sie oben auf den Gipfeln hätten suchen müssen. Aber der Onkel fuhr nicht übel bei seinem Geschäft, er dachte sogar daran, mich als Lehrbuben anzunehmen. Einen Gulden wollte er mir jedesmal zahlen. Das war ungeheuer viel Geld, wenn man bedenkt, daß in jener Zeit ein Braten mit Sauerkraut samt einem Krug Bier in der

Kutscherstube elf Kreuzer kostete, und dann blieben einem immer noch 89 Kreuzer übrig. So viel Braten konnte ein Mensch überhaupt nicht essen.

Im ersten Morgengrauen zogen wir also aus. Der Onkel ging voran, ihm folgte ein ältliches Frauenzimmer, das er Euer Gnaden nannte, und hinten trottete ich, hoch beladen und verdrießlich wie ein Maulesel. Ich hatte eine Unmenge von nutzlosem Zeug zu schleppen, aber auch zwei gebratene Hühner und eine Korbflasche voll Wein. Auf dem langen Weg durch den Wald hinauf beschäftigte mich unablässig die Frage, ob dieses dürre Wesen vor mir wohl imstande sein werde, mehr als ein halbes Huhn zu essen. Aber als wir uns auf der letzten Almwiese endlich niedertaten, war von Hühnern keine Rede. Einmal, sagte die Gnädige, wünschte sie so zu leben wie wir Söhne der Berge, von klarem Quellwasser und unserem Brot im Angesicht der herrlichen Werke Gottes.

Von da an knüpfte der Onkel die schöne Seele an seinen Strick, weil er sie ja noch über den Grat hinaufziehen mußte. Die Kletterei war nicht weiter schwierig, nur trafen wir es oben auf der Spitze auch nicht gemütlicher als unten. Der Onkel grub das Gipfelbuch aus einem Steinhaufen und hielt der Dame seinen Buckel hin, damit sie einen Vers über eine ganze Seite schreiben konnte. Ich stand dabei und fror erbärmlich, es war hundekalt in dem scharfen Wind, und was die Aussicht betraf, so entzückte es mich auch nicht übermäßig, daß ich plötzlich von oben sah, was ich bisher ebensogut von unten gesehen hatte, nämlich lauter Berge. Zu meinem Schrecken überfiel mich zudem ein furchtbares Bauchgrimmen von dem kalten Wasser auf der Alm, und rundherum fand ich nirgends einen schicklichen Platz für das Allernötigste. Schließlich seilte mich der Onkel ein Stück in die Wand hinunter. Da blieb ich dann lange und hatte meinen Frieden.

Daß ich es noch berichte: am Abend kamen wir ins Tal zurück. Was aber das Schändlichste an dem ganzen Abenteuer war, die Hühner und den Wein nahm unsere Gnädige unbesehen wieder an sich. Sogar um meinen Gulden mußte der Onkel noch mit ihr raufen. Wir seien unverschämt, sagte sie, denn sie habe ja gar nichts aus meinem Rucksack gebraucht.

Es kamen dann die Jahre, in denen ich selber Gefallen daran fand, etwas zu wagen, nie allzuviel, denn die Phantasie ist eine aufdringliche Warnerin. Immerhin, ein wenig weiß ich eben auch von dem Drang, das Ungewöhnliche zu leisten, ohne nach dem Nutzen zu fragen. Vielleicht gibt es wirklich nichts Köstlicheres als dieses rätselhafte Glücksgefühl, das einen überkommt, wenn man Kraft und Mut bis zum äußersten erschöpft hat und sich nur noch mit letzter Not ins liebe Leben hinüberretten kann.

Dieses Gefühl hat nichts mit empfindsamer Schwärmerei, mit Gipfelseligkeit und Hanfseilpoesie zu tun. Wie sehr mein Herz an der Welt der Berge hing, erfuhr ich erst, als mich das Schicksal für eine Weile hinaus ins ebene Land verschlug. Das Heimweh trieb mich ruhelos umher, aber die leere Weite wanderte ja mit mir, und der Himmel war kein schützendes Dach mehr, das verläßlich auf Bergesschultern ruhte, sondern ein Abgrund, bis in die Sternräume hinaus. Felder, eintönig hingebreitet, Bäche, träg und unschlüssig auf ihrem Weg, hier und dort ein Dorf, ein Weiler. Aber wie konnte ein Mensch, der da lebte, sagen, er sei daheim? Der erste unter seinen Vorfahren, der Landnehmer, war wohl nur wandermüde, als er sich hier niederließ, er hätte ebensogut noch tausend Schritte irgendwohin weiterziehen und dort seine Hütte aufschlagen können. Daheim im Gebirge war das anders, da konnte ich von jedem Heuschuppen sagen, warum er genau auf seinem Platz stehen mußte und nicht einen Steinwurf weiter daneben. Ein Ackerstreifen konnte Weizen tragen, aber der andere, der daran grenzte, schon nicht mehr, und der Mensch, der da hauste, der mußte vieles wissen und erfahren, Gesetz und Ordnung seiner Welt.

In reiferen Jahren gingen natürlich auch mir die Augen auf für mancherlei Fremdes, für die Schönheit der Moore etwa, oder der Heide. Ich wanderte in den ungeheuren Wäldern der Niederungen und kostete den Wind an den flachen Küsten. Aber ich rede ja von meiner Jugend, und da ist es eben so: Wenn man einsehen könnte, daß man etwas nicht begriffen hat, dann hätte man mehr Verstand, als nötig wäre, es zu begreifen.

Ich bin auch bald wieder heimgekehrt, in dieser Hinsicht waren alle Verheißungen trügerisch gewesen. Mir genügen jetzt die vertrauten Wege im Garten und die Felder entlang, ich könnte Bücher mit den Ereignissen füllen, die mir da begegnen, wenn ich nicht längst zu faul geworden wäre, Bücher zu schreiben. Manchmal, wenn der Teufel mir einredet, ich sei eine Persönlichkeit und deshalb müsse ich mich auswärts sehen lassen, dann spreize ich wohl eine Weile meine Federn, aber zugleich stelle ich unterwegs eine umständliche Rechnung von Stunden und Tagen an, wie ein Verbannter, und statt den Mann von Welt zu spielen, verderbe ich die Tischtücher in feinen Speisesälen, indem ich mich damit beruhige, die Konturen der Bergrücken in meinem Tal daraufzuzeichnen. Zugegeben, manches wird mir auch daheim mit dem Alter lästig, und Gott weiß, was geschehen soll, wenn ich einmal nicht mehr fähig bin, den Hügel auf- und abzusteigen, auf dem mein Haus steht. Aber läge ich dann krank, so würde der Berg durch das Fenster hereinschauen, und es wäre tröstlich, sein Gesicht zu sehen, ich kenne es so gut. Hätte ich einmal Lust, den alten Burschen klein zu machen, so brauchte ich nur ein bißchen im Kopf zu rechnen. Ich könnte mir die ganze Erde als eine Kugel denken, etwa so groß wie mein Haus, und wollte ich dann meinen Berg darauf suchen, so wäre er gar nichts mehr, eine winzige Rauhigkeit, wie ein einzelnes Korn auf Sandpapier. Aber auch die größten seiner Brüder würden sich nur wie kleine Kiesel ausnehmen, auf der Wölbung verstreut. Spiegelglatt läge alles dazwischen, die Tundren Sibiriens, die großen Wüsten, die Fruchtebenen Amerikas, und die Meere spannten sich als dünne Wasserhaut von Küste zu Küste. Stürme und haushoher Wellengang vermöchten den Glanz der blauen Fläche nicht zu trüben. Zwei Finger hoch über allem schwebte da und dort das weiße Gespinst der Wolken, zöge umher mit kleinen Wirbeln und verginge wieder. Dies wäre das Reich des Lebens, ein Anhauch von grünem Schimmel über taubem Gestein und jener Fingerbreit atembarer Luft unter der kalten Unendlichkeit. Meinesgleichen oder mir selber würde ich auf dieser Kugel vergeblich nachspüren. Nur den Unfug, den die Menschen insgemein stiften, könnte ein fleißiger Forscher beobachten und vielleicht in kaum lösbaren Gleichungen ausdrücken.

Aber ich bin ins Schwatzen geraten, es ist beschämend, denn das war natürlich nicht mein Auftrag. Was könnte ich noch sagen? Nicht viel, außer daß im hintersten Winkel meines Tales ein tiefer grüner See liegt, den ich manchmal aufsuche.

Wenn ich im Boot auf seinem stillen Wasser treibe und um mich schaue, dann meine ich zu wissen, was das ist: ein Berg, aber Worte habe ich noch immer nicht dafür. Jemand, ich glaube Lord Byron, hat einmal gesagt, für ihn seien hohe Berge ein Gefühl. Das scheint mir ein guter Ausdruck zu sein, ein genauer sogar. Denn nicht, was ein Mensch weiß, was er denkt und wirkt, macht sein wahres Wesen aus im Zusammenklang mit anderen Wesen, sondern was er fühlt. Das allein hebt ihn in Gottes Nähe empor.

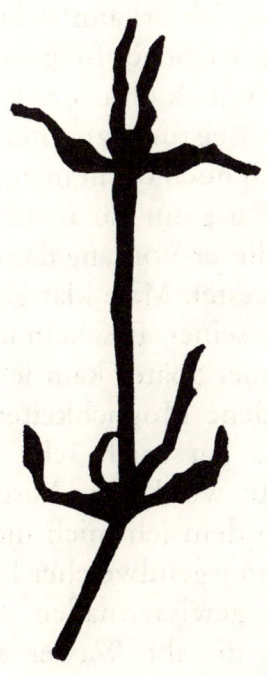

Liebhabereien

Mein allererstes darstellerisches Erlebnis hatte ich als Zeichner, ich erinnere mich dieses Vorgangs mit ungemeiner Deutlichkeit, obwohl ich damals erst zwei Jahre alt war. Ich machte also im Kalender einen Strich, wie ich vorher schon so viele gemacht hatte. Dann aber fügte ich an einem Ende eine Menge kleinerer Striche hinzu, und plötzlich wurde ich gewahr, daß ich ein Ding getroffen hatte, einen Besen, ich erkannte ihn auf dem Papier. Ich lief mit dieser Schöpfungsurkunde im ganzen Haus umher, freilich ohne das geringste Verständnis für meine Leistung zu finden – eine Enttäuschung, die sich noch oft in meinem Leben wiederholen sollte. Ich kann gar nicht deutlich machen, wie tief mich dieser Vorgang damals berührt hat, es war mir zum ersten Male klar geworden, daß man ein Ding von seiner Erscheinungsform lösen, es darstellen könne. Später kam ich dahinter, daß es viele verschiedene Möglichkeiten der Darstellung gebe, und das hat mich sehr verwirrt und gehemmt. Es gibt wohl kein Ausdrucksmittel, kein Handwerk, an dem ich mich nicht zu irgendwelcher Zeit und in irgendwelcher Form versucht hätte. Ich glich gewissermaßen einer schadhaften Brunnensäule, die ihr Wasser aus vielen Ritzen verschwendet, statt in einem kräftigen Strahl aus dem Rohr.

Erst im Kriege, in der Gefangenschaft, besann ich mich und wurde der Mensch, der ich bin, nicht besser, aber mit der Gnade eines Zieles begabt. Auch jetzt noch sind mir die Dinge auf rätselhafte und verlockende Weise gefügig. Ich muß mich schämen, bei soviel guten Gaben eigentlich wenig wirklich gelernt zu haben. Ich kann ebensowohl einen Schlüssel machen wie eine Dreschmaschine reparieren, ich beschaffe mir einen Treibhammer und schlage mir eine Schale aus Kupfer – ohne Umstände, ich weiß einfach, wie man sie macht. Mitunter scheitert ja wohl ein Versuch an der Unzulänglichkeit des Werkzeuges, wie etwa beim Buchbinden, beim Schnitzen, bei den Scherenschnitten oder beim Photographieren. Aber nur selten mißlingt etwas grundsätzlich, außer in der einen Kunst, die ich fliehe und der ich doch widerstandslos verfallen bin, die mich meiner Leichtigkeit und meines Leichtsinns beraubt, zu Tränen erschöpft und immer wieder an den Anfang zurückwirft. –

Alte Karten

In der Welt gibt es Dinge, denen eine magische Macht der Versuchung innewohnt und die in sonst ganz harmlosen Gemütern unversehens eine leidenschaftliche Besitzgier wachzurufen vermögen. Derlei Leute setzen dann Kopf und Kragen daran, Bücher zu stehlen oder Bilder zu rauben oder Gott weiß welchen Kram, die unscheinbarsten Nichtigkeiten, an denen für andere Menschen gar nichts Begehrenswertes ist. Ich selber zum Beispiel kann kein Stück Bernstein in den Fingern halten, ohne Not, es rechtzeitig wieder loszulassen, und vollends vor alten Karten gewahre ich mit Traumesängsten, wie fadenscheinig mein Gewissen eigentlich ist, obwohl ich es doch zeitlebens sehr geschont habe.

Ich besitze etliche solcher alter Blätter, redlich erworbene, versteht sich, und darum auch nicht besonders wertvolle. Ab und zu hole ich sie aus dem Schrank, um sie wieder zu betrachten, aber ich wüßte kaum mit genauen Worten zu erklären, was mir eigentlich daran so gefällt. Schon das Papier ist gut anzufühlen, wie etwas Gewachsenes, wie weiche, ein wenig narbige Haut. Es hat Risse und Flecken, jemand stellte ein Weinglas darauf, dieser Mensch trank Rotwein zu seinen Gedanken, und dann schrieb er ein paar Worte an den Rand, »Gottlob« steht da zu lesen, und »drey Täg«, vielleicht plagte ihn das Heimweh in der fremden Herberge.

Der Holzschneider hat seine Arbeit auch mit Liebe getan, hat Wald und Hügel nicht vergessen, eine Burg für jede Stadt, ein Kringel für die geringeren Orte, alles sauber ausgestochen, aber doch nicht wieder zu genau, es kam ihm wenig darauf an, einmal ein Flüßchen krumm laufen zu lassen, statt quer durch das Dorf, wenn er anders den Namen nicht schön genug unterbringen konnte.

Wieder ein anderer Meister hat das Blatt mit Farben ausgeziert, rot oder gelb die Grenzen, blaues Wassergeäder hinein, grünen Busch, sein behutsamer Pinsel fügte das Zufällige der Form zu einem schönen Ganzen, und die Gesellen haben es hinterher fleißig nachgemalt.

Reisende Händler mochten seine Kundschaft gewesen sein, denen war es genug, wenn ihren Saumtieren nur ungefähr der Weg durch die Pässe und Täler und von einem Nachtquartier zum andern gewiesen wurde. Oder rauflustige Herren, die mit ihren Kriegshaufen unterwegs waren und einander suchten und es auch nicht weiter übel nahmen, wenn sie einmal aneinander vorbeiliefen, wo sie sich der Karte nach hätten treffen müssen – es gab ja eine Zeit, in der sogar der Krieg kein eiliges

Geschäft war. Heutzutage genügen uns Schritt und Elle nicht mehr, um den Erdkreis einzuteilen. Wir brauchen ein genaueres Maß. Aber Recht und Unrecht läßt sich noch immer nicht mit Metern messen, Glück und Jammer zwischen den Menschen.

So kann denn ein später Gast dieser Erde wie ich nun vor so einem Blatte sitzen und seine Augen auf eine abenteuerliche Reise schicken, in eine Welt voll Merkwürdigkeiten, einfacher noch und einfältiger als die, in der er selber lebt und die kein Geheimnis mehr dulden will. Ein spielerisches Vergnügen also, dem man heimlich nachhängt, oder einer von den Fluchtwegen aus der Bedrängnis des Daseins, deren es nicht mehr viele gibt – die darum wissen, werden es verstehen.

Goethes Großvater als Blumenzüchter

Wer heutzutage einen Fleck Gartenland betreut, weiß von der Not zu klagen, die man allein damit hat, aus dem Übermaß des von Gärtnern und Züchtern Angebotenen das Passende zu wählen; gibt es doch zum Beispiel schon mehr als zweitausend Sorten Narzissen im Handel. Ob diese Auflösung der reinen ursprünglichen Form in eine wachsende Mannigfaltigkeit von Spielarten nun zuletzt ein Gewinn ist, oder ob wir hier wie anderwärts an der Fülle verarmen werden, jedenfalls hören wir mit Rührung und nicht ganz ohne Beschämtheit, wie liebevoll und hingebend die Gartenfreunde in früherer Zeit ihre bescheidenen Schätze pflegten. Dergleichen Berichte sind uns in mancherlei Form erhalten geblieben, besonders reizvoll in den ›Gartenjournalen‹ des Dichters Musäus oder in den Briefen der Frau Ernestine Voß an ihren Bruder Ch. Boie, der seinerzeit als Gründer des Hainbundes, aber auch als Botaniker bekannt war. Aus diesen Briefen erfahren wir in der anmutigsten Weise, was damals in deutschen Bürgergärten wuchs und blühte. Krokusse, schreibt Ernestine, habe sie in wenigstens sieben verschiedenen Farben. Adonis erwähnt sie, Iris, Geißklee und Bergsalbei, der allerdings in der Ebene nicht recht gedeihen will, und sie wird nicht müde, dem Bruder zu schildern, mit welcher Herzlichkeit die vielen Musengäste des Hauses Voß an ihrer Gartenfreude teilnehmen.

Hier soll aber von einem anderen Liebhaber der Gärtnerei anspruchslos berichtet werden, von Johann Wolfgang Textor nämlich, dessen Gestalt uns durch die Schilderung in ›Dichtung und Wahrheit‹ vertraut und ehrwürdig ist. Was der Schultheiß selber an schriftlichen Lebenszeugnissen hinterlassen hat, die Tagebücher und Berichte aus seiner Amtstätigkeit, würde kaum den Schluß erlauben, er habe sich je mit etwas anderem als mit seinen nüchternen Geschäften befassen mögen. Mißgünstige Zeitgenossen sagen ihm freilich sogar nach, er sei ein heimlicher Trinker und Wollüstling gewesen; aber diese Trübung seines Bildes hält nicht stand, andere rühmen ihn als einen der fähigsten und redlichsten unter den ränkesüchtigen Schöffen, gerecht und nicht ohne Großzügigkeit. Und daß die Seite des Gemütes in seinem Wesen keineswegs verkümmert war, bezeugen Aufzeichnungen über seine gärtnerische Tätigkeit in zwei Ratskalendern aus den Jahren 1736–37, die heute im Frankfurter Goethe-Museum liegen. Um jene Zeit stand Textor im 44. Jahr, seine Liebhaberei war also nicht, wie man nach der Schilderung des Enkels meinen könnte, erst eine Frucht des hohen Alters.

Goethe beschreibt das Haus des Großvaters als

ein burgartiges Gebäude, gegen die Straße hin durch einen Brunnenhof und ein Tor geschützt. Es ist uns nichts davon erhalten geblieben, schon ein paar Jahrzehnte nach dem Brand, den die Beschießung der Stadt durch Kléber 1796 verursachte, hatten die Historiker Mühe, ein genaues Bild der Örtlichkeit zu retten.

Hinter dem einstöckigen Haus, gegen Osten, lag der ansehnliche Garten, einmal länger als breit und nach allen Seiten durch Mauern oder Gebäude abgeschlossen. Wir müssen uns wohl das Land im Geschmack der Zeit regelmäßig unterteilt vorstellen, vielleicht mit etlichen Rundstücken der Länge nach, alles durch Sandwege getrennt und begrenzt und, wie Goethe sagt, von Rebengeländern eingefaßt. An der südlichen Mauer standen Pfirsichspaliere, gegenüber Beerensträucher, aber auch alle Blumenbeete waren mit Obst bepflanzt, wahrscheinlich mit Buschobst, denn bei den Ausmaßen des Grundstückes ist an einen eigentlichen Baumgarten nicht zu denken. Goethe erwähnt auch nur einen Maulbeerbaum, daß er »alt und hoch und weitverbreitet« gewesen sei; vielleicht beschattete er einen Sitzplatz in der Ecke. An Blumen gab es außer Rosen, Nelken und Zwiebelgewächsen vornehmlich einjährige, die der Hausvater selbst aus Samen zog oder durch seinen Gärtner Etienne besorgen ließ. Alle diese Verrichtungen merkt er mit aktenmäßiger Genauigkeit in seinem Kalender an, so, daß er am 22. Oktober »in den kasten worinnen die Zween Rosenstöcke stehen, auf die eine seite Balsamina und auf die andere Schweitzerhosen gesäet« habe. Unter Schweizerhosen werden wir uns wohl Akelei vorzustellen haben, deren rote und weiße Blüten den geschlitzten Pluderhosen der alten Schweizer Landsknechte und der päpstlichen Leibgarde gleichen. Für Schleswig-Holstein und für Thüringen ist die Bezeichnung Schweizerhose für Aquilegia Vulgaris ausdrücklich belegt, auch im Aargau heißt die Pflanze »Schwyzerhösli«. Indes auch die Gemeine Wunderblume, Mirabilis Jalapa, deren Blüten rot, gelb und weiß gestreift oder gesprenkelt sind, trägt den Namen Schweizerhose: sie ist aber indischen Ursprungs und wahrscheinlich um 1737 noch nicht in Frankfurt heimisch gewesen, während Akelei eine alte deutsche Gartenpflanze ist.

Ein anderesmal schreibt Textor sich selber zur Lehre: »Am 8. Oktober habe ich 25 stück Hyacinthen, jede von einer anderen gattung, welche ich von H. Weber gekauffet in ein Land setzen und mit Zeichenstecken von N 1 biß 25 marquiren, auch die Nahmen nach denen Numero in mein grün gartenbüchlein aufschreiben lassen. Desgleichen sind drey länder mit drey besonderen Sortimenten tulipanen von Carls-Ruhe, das eine mit 40 die beyde andere aber jedes mit 51 stück besetzet worden. Die Länder zu denen Hyacinthen sowohl alß auch zu denen Tulipanen habe so viel möglich von allen Steinen und Unrath gesäubert, mit rein gesippter Mistbeet-Erde und weißem Sand vermischet, auch zu jeder Zwiebel in das loch annoch Sand gethan.« Den 22. Oktober hat er »den Rest von denen Carls-Ruhe Tulipanen, etwa 80 stück ... zwischen die neugesetzte Zwergkirschbäume, von dem ersten am Eingang in den Sandgang gerechnet, anzufangen biß an den zweyten gestecket. Zu gleicher Zeit auch an eben dem Orth zwo Reihen mit Mandeln 19 stück gesteckt. Ist allso von dem ersten Kirschbaum biß an den dritten nichts mehr hinzusetzen, weilen die Tulipanen und Mandeln biß dahin gehen.« Dies alles würde gut zu dem Bilde passen, das wir uns sonst von dem Schöffen und Schultheißen Textor machen. Aber hinter diesen trockenen Anmerkungen verbirgt sich die andere Seite seines Wesens, ein wunderlicher Drang, geheimen Zusammenhängen nachzuspüren, ein echter Forscherdrang sogar, der freilich durch die Unzulänglichkeit des Wissens seiner Zeit ins Abenteuerliche abgelenkt wird. Textor beobachtet zum Beispiel sorgfältig »wie sich die Zwölf Nächt ab 1736 befunden« und schließt daraus auf die Witterung der zwölf Monate des folgenden Jahres. Nie versäumt er auch, den Stand des Mondes bei der Aussaat und beim Beschneiden der Bäume zu beachten. Am 15. Jänner hat er »weiße Leucojen-Saamen in eine flache

Scherbe gesät, gleich nach Eintritt des vollen Lichts«. Sie dürften ihn allerdings ebenso getäuscht haben wie die zwölf Körner Balsamina vom 5. Jänner, über die er wehmütig sagt, daß sie zwar gefüllt sein sollten, aber nicht aufgegangen seien. Mitte März, wieder einen Tag nach Vollmond, wiederholt er die Aussaat mit mehr Glück, er kann später hinzufügen, es sei alles wohlgeraten und zu Anfang Juni ausgepflanzt worden. Auch sonst scheint er um manchen gärtnerischen Kniff gewußt zu haben. Mitten im Sommer setzt er Tazetten und Hyazinthen in Töpfe und hofft die ungelegene Zeit wettzumachen, indem er die Zwiebeln in »terram impraegnatam« pflanzt.

Überhaupt sorgt er dafür, das Haus im Winter mit Topfblumen zu versehen, und verschmäht es sogar nicht, noch Ende Oktober »einen Graßblumenstock aus dem Land, welcher einen Knopf gehabt, in eine Scherbe« zu setzen. Selbst Obstbäume versucht er am Fenster zu treiben. »Gegen den Christtag«, schreibt er, »habe ich zwo Kirsch und zwo Zuckerbirnbäumgen in Scherben in die Wohnstube gesetzt, um zu probieren, ob sie um so ehender floriren werden.« Er will sie jedoch täglich etliche Stunden an die Luft tragen, »damit sie sich wieder erkühlen können und nicht auf einmal zu stark treiben«.

Dem Obst wendet er die meiste Sorgfalt zu, vielleicht weil hierin seine Liebhaberei durch die

Früchte, die sie sichtbar trug, gerechtfertigt war. Die Kunst des Pfropfens und Okulierens scheint er meisterhaft verstanden zu haben. Dieses Können ließ ihn freilich manchmal auf wunderliche Einfälle kommen, die er, weil sie ihm selber nicht ganz geheuer sein mochten, in Geheimschrift aufzeichnete, oder in gelehrtem Latein, um ihnen mehr Ansehen zu geben. So hat er am 22. Juni »curiositatis gratia« irgend etwas auf Johannesäpfel okuliert, von dem er sagt, es sei zwar eine Zeitlang grün geblieben, endlich aber doch verdorben. Wir wollen annehmen, daß er diesem Apfelbaum nichts Krauseres zugemutet hat als dem anderen, den er im August dazu bringen wollte, Rosen zu tragen, oder gar dem Weinstock, von dem er erwartete, der werde so gut Pfirsiche wie Trauben hervorbringen. Das tat der Weinstock freilich nicht, aber eben ein beigefügtes »non successit« beweist, daß der seltsame Mann doch nicht ganz ohne Hoffnung war.

Als einen anderen Laertes schildert Goethe den Großvater, in Schlafrock und Samtmütze behaglich geschäftig auf den besandeten Wegen hin und wider gehend, um die Abendzeit, wenn die Pflichtarbeit getan war und alle Akten geordnet in der Mappe lagen. Denn der Umgang mit den grünen Kindern Gottes ist eine Schule der Geruhsamkeit, der beschaulichen, aber zugleich tätigen Hingabe an das dunkle weltumfassende Geheimnis. Nur was wir selber tun, verknüpft uns mit dem Ganzen des Geschehens, und nichts, was einem im Leben an Freuden zuwächst, will ohne das Salz des Schweißes recht gedeihen.

Gemeine Brunelle

Die ehrbare Schwesternschaft deutscher Brunellen
ersuchte den Schöpfer, festzustellen,
wieso sich die Menschen erdreisten können,
sie (durch die Blume) gemein zu nennen.
Darauf entschied der Himmel versöhnlich:
Gemein bedeute so viel wie gewöhnlich.
Es habe, obgleich es verboten sei,
Gewöhnliches ferner gemein zu schelten,
das Gemeine für gewöhnlich zu gelten.
(Verfügung der Trinitätskanzlei)

Grashalm

Wer rühmt des Ungerühmten Ehre?
Er lebt und stirbt im großen Heere
der grünen Plebs.
Und dennoch: daß er wiederkehre,
und Kuh und Schaf und mich ernähre,
Gott gebs!

Der Bergbauer spricht

Mein Lehen ist uralt. Ich weiß nicht, wer der erste war, der hier heraufstieg und sich umsah, der die Quelle fand und eine sumpfige Blöße im Wald. Jedenfalls muß ihm die Gegend gefallen haben, er blieb und fing an zu roden und zu graben, lange Zeit. Niemand kümmerte sich damals um diesen Narren in der schattseitigen Wildnis außer einem Bären, der auch hier sein Anwesen hatte. Aber der Mann erschlug ihn mit der Axt, und seither haben wir einen Namen, wir hießen die Bärecker einer nach dem andern.

Manchmal im Frühjahr, wenn ich auf dem Anger stehe, Schmelzwasser und gelbes Gras unter den Füßen, und wenn ich ins Tal hinunterschaue, auf die guten Höfe unter blühenden Bäumen, dann muß ich wohl zugeben, was die Leute sagen, daß es ein armseliger Fleck Erde ist, mein Lehen. Es bedeutet nichts für die Welt, ob hier Roggenland oder Brachland liegt, für die Menschheit ist das nicht wichtig. Aber dabei denke ich so vor mich hin, wie seltsam es eigentlich zusammenhängt, daß doch im Grunde jeder einzelne Mensch von so einem Stück Erde lebt. Irgendwo in der Welt muß es einen Acker geben, auf dem sein Brot wächst, und wenn dieser Acker nichts mehr trägt, dann muß irgendwo in der Welt ein Mensch verhungern. Der meint natürlich, sein Unglück liege darin, daß er keinen Groschen in der Tasche hat, an den verdorrten Acker denkt er nicht, den hat er ja im Leben nie gesehen, oder vielleicht steht die Fabrik darauf, die jetzt keine Arbeit mehr für ihn hat.

Liege ich nun schlaflos in meiner Kammer wegen dieses Menschen? Nein, so ist es nicht, ich bin kein Schwärmer und Sinnierer. Mitunter verdrießt es mich wohl auch selber, mein ewiges Gewürge zwischen Junifrösten und Septemberschnee. Einmal in der Jugend stritt ich mit dem Alten, ich meine mit dem Vater, er wollte mir nicht Platz machen. Es sah so aus, als ob ich mein Lebtag Knecht auf seiner Keusche bleiben sollte, und da warf ich die Sense hin und ging davon, in die Stadt. Arbeit fand ich so leicht, als hätte der Werkmeister in dem Betrieb schon lang auf einen Burschen gewartet, der sich auf die Kunst verstand, vor einer Maschine zu sitzen und ihr ein Stück Blech ins Maul zu schieben. Sie kaute dann ein wenig daran und spie eine fertige Gürtelschnalle in den Blecheimer. Daheim hätte ich mir keine Brennsuppe bei diesem Geschäft verdienen können, hier aber lebte ich wie ein Herr. Ich aß vom eigenen Teller in der Kantine und trug feine Hemden, und mein Mädchen brachte es so weit, daß ich mir Sockenhalter kaufte, kaum zu glauben.

Das hätte so bleiben können, ein zweites und

drittes Jahr, aber ich weiß nicht, plötzlich langweilte mich die Sache. Andere Arbeit? Ja gern, du kannst Nietlöcher stanzen! Ein Kerl wie ich, mit Fäusten wie Schraubstöcke, und dazu dieses lumpige Blechzeug, alles unnütz. Nein, da schluckte ich lieber etwas hinunter, den ganzen alten Zorn, ich zog meine Joppe wieder an und wanderte heim. Fand alles wieder, wie ich es verlassen hatte, das grüne Haustor weit offen und den Brunnen mit der schiefen Säule, gab es denn hier niemand, der eine Brunnsäule geraderücken konnte? Der Hund sprang mir an die Brust und warf mich beinahe um mit seinem Getue, nun ja, und der Alte war auch noch da, ein bißchen mürber geworden. »Steh nicht herum«, sagte er, »fang an!«

Schaut, Leute, das habe ich getan. Mein Leben ist ja nicht besonders ruhmvoll verlaufen seither, ich habe nichts in Bücher geschrieben und selten über die letzten Dinge nachgedacht, ich weiß nur, was ich wirklich wissen muß. Meinetwegen könnte die Welt hinter meinem letzten Wiesenzaun zu Ende sein. Mitunter plagen mich Sorgen, natürlich, mein Leben ist kein träges Wasser, Gott liebt es wohl, wenn seine Bäche rauschen, und niemand weiß, welche Art Mühlen er damit antreibt. Ab und zu kommt jemand aus dem Dorf, ein Agent, der will mir etwas aufschwatzen, einen Seilzug, eine Zentrifuge. »Du sparst Arbeit damit«, meint er, »eine Menge Zeit!« Zeit, so, das wäre gut. Ich frage dann, ob es vielleicht eine Maschine gäbe, mit der man das Korn unterhalb kitzeln kann, damit es schneller wächst, das ließe sich hören, eine Kornkitzelmaschine. Der Mann sagt darauf, ich sei ein Spaßvogel, aber einen Traktor sollte ich mir wenigstens anschaffen, wie mein Vetter unten im Tal. Ja ja, ich habe den Vetter hinter dem Steuer sitzen gesehen, großartig, so viel Lärm kann ich mit Händen und Füßen nicht machen. Freilich fährt er nur mehr ums Haus herum, denn das Feld, für das er den Traktor brauchte, das hat er verkaufen müssen, um ihn zu bezahlen.

Vielleicht hat der Agent recht, wenn er mir vorhält, ich sei alt geworden und rückständig geblieben, die Welt käme nie vom Fleck, wenn alle so dächten wie ich. Dem Vernehmen nach ist die Welt auch ohne mich vom Fleck gekommen, aber wohin? – erlaubt mir die Frage! Die Leute vergießen weniger Schweiß heutzutage, dafür um so mehr Tränen.

Nun, was rede ich, ein grauköpfiger Bursche, ein grober Bauer. Der jüngere von meinen Buben geht bei den Zimmerleuten in die Lehre, das ist recht, das gefällt mir. Der andere will auf dem Hof bleiben, er fängt schon an, nach mir zu schielen, wenn er mich beim Mähen überholt, das gefällt mir weniger. Aber ich werde schiedlich mit ihm reden, wenn es Zeit ist, die Sache mit den Gürtelschnallen will ich ihm ersparen.

Nach Feierabend, während die Kühe aus dem Trog saufen, sitze ich jetzt gern mit der Bäuerin auf der Bank vor dem Haus und rauche meine Pfeife, die Frau muß ja auch ihre Unterhaltung haben. »Ja, Alter«, sagt sie, »geh du nur zu deinen Bienen!«

Ich gehe aber weiter über den Anger bis zur großen Esche und den Zaun entlang, wo der Hafer steht, er wird schon gelb. Dann bergauf über die saure Wiese, die jetzt trocken liegt – daß es mir nicht selber einfallen konnte, hier Gräben zu ziehen! Ganz oben haben wir das Korn, den Rübenfleck, und das ist noch immer nicht alles, es kommt noch ein Schopf Wald danach und die Hutweide. Eine halbe Stunde brauche ich alles in allem, bis ich wieder unter der Esche verschnaufen kann.

Kein Grund, sich aufzuspielen, die Helden sind längst ausgestorben, die Roder und Landnehmer. Käme jetzt wieder ein Bär durch den Graben getrottet, so würde ich mich wohl kaum nach einem Beil umsehen, sondern nach dem nächsten Weg hinter die Tür. Aber trotzdem, es bewegt mir das Herz, über mein Land zu schauen, über alles, was da wächst und Frucht trägt, es rührt mich an. Haltet mir's zugute, wenn ich doch einmal das Maul voll nehme und etwas sage. Der Mann, sage ich, der zuerst da war und der zuletzt da sein wird, das ist der Bauer.

Advent

Das ist die stillste Zeit im Jahr, wenn es Weihnacht wird – die Zeit der kindlichen Zuversicht und der gläubigen Hoffnung. Es mag ja nur eine Binsenwahrheit sein, aber es ist eine von den ganz verläßlichen Binsenweisheiten, daß hinter jeder Wolke der Trübsal doch immer ein Stern der Verheißung glänzt. Und daran trösten wir uns in diesen Wochen, wenn Nacht und Kälte unaufhaltsam zu wachsen scheinen. Wir wissen ja doch, und wissen es ganz sicher, daß die finsteren Mächte unterliegen werden, an dem Tag, mit dem die Sonne sich wendet, und in der Nacht, in der uns das Heil der Welt geboren wurde.

Für die Leute in den Städten hat der Advent kein großes Geheimnis mehr, sie finden es nur unbequem und lästig, wenn die ersten Fröste kommen, wenn der Nebel in die Straßen fällt und das karge Licht des Tages noch mehr verkürzt. Aber der Mensch in den Bergen, in entlegenen Tälern und einschichtigen Höfen, der steht den gewaltigen Kräften der Natur noch unmittelbar gegenüber. Stürme toben durch die Wälder herab und ersticken ihm das Feuer auf dem Herd, er sieht die Sonne auf ihrem kurzen Weg von Berg zu Berg krank werden und hinsterben, grausam finster sind die Nächte, und der Schneedonner schreckt das Wild aus seinen Zuflüchten. Noch in meiner Kindheit gab es kein Licht in der Stube außer vom Kienspan oder einer armseligen Talgkerze. Der Wind rüttelte am Fenster und schnaufte durch die Ritzen, das hörte sich an wie der Atem eines Ungeheuers, das draußen herum ging und überall schnupperte, einmal an der Wand und dann an den Dachschindeln, und plötzlich hörte man den Brunnen nicht mehr, da trank wohl das nächtige Tier von dem Wasser. Unheimlich war das, gottlob, daß ein Licht dabei brannte, gottlob für diesen winzigen Funken Licht in der schrecklichen Finsternis!

Für mich begann damals der Advent immer mit dem Sonntag, an dem der Vater die Krippe herausräumte. Es war ja alles längst bekannt und vertraut und doch jedesmal wieder aufregend genug, der hohe Berg, mit glänzendem Flitter angeschneit, die Burg und darunter der Stall in einer Tuffsteingrotte. Darin kniete die Liebe Frau selber, ihr Gesicht war aus Wachs geformt, schön rosig blühten ihre Wangen, und die Augen waren zwei blaue Glasperlen, mit denen schaute sie verwirrt ins Leere. Auf der Strohschütte lag das nackte Himmelskind, und dahinter standen Ochs und Esel und beglotzten das Wunder. Jedes Jahr durfte ich dem Ochsen ein Büschel Heu ins Maul stecken, aber er fraß es ja nie, er schaute nur und schaute und begriff es nicht. Weil der Vater selber Zimmermann war, ließ er auch seinen Patron, den heiligen Josef, nicht nur so herumstehen, er dachte sich jedesmal ein anständiges Geschäft für ihn aus und ließ ihn Holz klieben oder die Suppe kochen oder mit der Laterne die Leute hereinweisen, die von überall her gelaufen kamen und Käse mitbrachten oder Brot oder auch ein Lämmchen, das sie vor sich herschoben. Es hauste freilich ein recht ungleiches Volk in unserer Krippe, nicht nur Hirten, auch etliche Zinnsoldaten, und der Fürst Bismarck, und überhaupt alle Bresthaften aus der Spielzeugkiste, die sich das Jahr über ein Ausgedinge verdient hatten. Oben hinter den Zinnen der Burg durfte immer mein grüner Frosch aus Seife sitzen, ihm machte es nichts aus, ein paar Wochen lang für einen Hund zu gelten. Ganz zuletzt kam der Augenblick, auf den ich schon tagelang gelauert hatte. Der Vater klemmte plötzlich meine Schwester zwischen die Kniee, und ich durfte ihr das längste Haar ausziehen, ein ganzes Büschel, versteht sich, damit man genügend zur Auswahl hatte. Denn an solch ein Haar wurde ein golden gefiederter Engel geknüpft, damit er sich unmerklich drehe und wachsam umherblickte. Das Gloria sangen wir selber, der Vater hatte uns sogar einen Vers dazu gemacht. Es klang vielleicht ein bißchen grob und einfältig in unserer breiten Mundart, aber Gott schaut seinen Kindern ja ins Herz und nicht auf das Maul, und es ist auch gar nicht so, daß er etwa nur Latein verstünde.

Immer am 21. Dezember, bedeutsamerweise am Tag des ungläubigen Thomas, mußte der Wunschbrief an das Christkind geschrieben werden, ohne Kleckse natürlich, und mit keinen andern Schreibfehlern als solchen, die die Mutter selber machte, und sauber mit Farben ausgemalt. Zuoberst verzeichnete ich anstandshalber das, was ohnehin von selber eintraf, Fäustlinge, ein Hemd und Strümpfe. Darunter aber schrieb ich Jahr für Jahr mit hoffnungsloser Geduld den höchsten meiner Träume, den Anker-Steinbaukasten, ein Wunderwerk, nach allem was man davon hörte. Ich glaube heute noch, daß aus ihm sogar die Architekten zu Anfang des Jahrhunderts ihre Eingebungen holten. Aber ich selber bekam ihn nie, wahrscheinlich wegen der ungemein genauen himmlischen Buchführung, die alle meine Sünden sorgfältig verzeichnete, gestohlene Zuckerstücke und zerbrochene Fensterscheiben und ähnliche Missetaten, die sich in etlichen Wochen auffälliger Frömmigkeit vor Weihnachten auch nicht mehr abgelten ließen.

Wenn mein Wunschzettel fertig vor dem Fenster lag, mußte ich aus brüderlicher Liebe auch noch den für meine Schwester schreiben. Ungemein zungenfertig plapperte sie von einer Schlafpuppe, einer Wiege, einem Kramladen, von lauter albernem Zeug. Da und dort schrieb ich ein heimliches »Muß nicht sein« dazu, aber vergeblich. Am Heiligen Abend konnte sie doch eine Unmenge von Früchten ihrer Unverschämtheit unter dem Christbaum ernten. Und ich mußte mich tagelang damit plagen, einige von ihren Sachen so weit zu ruinieren, daß sie für mich noch zu brauchen waren.

Die Adventabende wären nicht denkbar gewesen ohne ein feierliches Lied, wenn es auch natürlich nicht immer so gut geraten konnte wie in jener ersten Heiligen Nacht, als die Engel das Gloria vom Himmel herunter sangen. Sogar bei uns daheim, obwohl wir keine sehr musikalische Familie waren, stellten wir uns alle vor den brennenden Kerzen auf, und dann stimmte die Mutter das Lied vom Tannenbaum an. Aber wir kamen kaum einmal über eine Strophe hinaus. Schon bei den ersten Tönen fing meine Schwester aus übergroßer Ergriffenheit zu schluchzen an. Der Vater hielt ein paar Takte länger aus, bis er merkte, daß das, was er hören ließ, gar nicht in dieses Lied paßte. Ich selber aber konnte in meinem verbohrten Grübeln, wieso denn eine Fichte ihrer grünen Blätter wegen gepriesen wurde, die zweite Stimme nicht halten. Daraufhin brachte die Mutter auch mich mit einem Kopfstück zum Schweigen und sang das Lied als Solo zu Ende, wie sie es gleich hätte tun sollen.

Heutzutage weiß man nicht mehr viel von alten Weihnachtsbräuchen, wie etwa das Anglöckeln einer war. Ich wüßte nicht zu sagen, was für ein tieferer Sinn in dieser Sitte liegen könnte, vielleicht steckt wirklich noch ein Rest von Magie aus der Heidenzeit dahinter, wie manche Gelehrte meinen. Meine Mutter jedenfalls hielt dafür, daß es ein frommer Brauch sei, und deshalb durfte auch ich mit meiner Schwester und dem Nachbarbuben auf die Reise gehen. Was dazu an Verkleidung nötig war, besorgte der Vater mit einer unerschöpflichen Phantasie. Unter seinen Händen verwandelten wir uns in seltsame Zwitterwesen, halb Engel, halb Gespenst. Aber uns machte es weiter kein Kopfzerbrechen, wen wir eigentlich darstellen sollten, die Heiligen Drei Könige oder bloß etliche von den vierzig Räubern. Das Wichtigste an der ganzen Ausrüstung war jedenfalls ein geräumiger Sack. Mit dem zogen wir abends von Tür zu Tür und sangen, was uns gerade einfiel, Heiliges und Unheiliges durcheinander. Manchmal kam gleich ein ungehobelter Hund dazwischen, der uns an die Beine fuhr, statt andächtig zuzuhören, aber gewöhnlich konnten wir mit dem Erfolg zufrieden sein, aus Gründen freilich, die ich damals nicht richtig einschätzte. Denn die Leute stürzten sofort an die Türen, wenn wir unseren Gesang anstimmten, und stopften uns eilig Kletzenbrot und Äpfel in den Sack, nur damit wir gleich wieder aufhörten und weiterzögen. Das taten wir auch bereitwillig, sobald unsere Fracht genügend angewachsen war.

Ich wollte, es wäre dabei geblieben, und meine Zuhörer belohnten mich auch heute noch dafür, daß ich schweige.

Advent, sagt man, sei die stillste Zeit im Jahr. Aber in meinem Bubenalter war er keineswegs die stillste Zeit. Zu Anfang Dezember, in den unheimlichen Tagen, während Sankt Nikolaus mit dem Klaubauf unterwegs war, wurde ich in den Wald geschickt, um den Christbaum zu holen. Mit Axt und Säge zog ich aus, von der Mutter bis zum Hals in Wolle gewickelt und mit einem geweihten Pfennig versehen, damit mich ein heiliger Nothelfer finden konnte, wenn ich mich etwa verirrte. Ein Wunder von einem Baum stand mir vor Augen, mannshoch und sehr dicht beastet, denn er sollte nachher ja auch etwas tragen können. Stundenlang kroch ich im Unterholz herum, aber ein Baum im Wald sieht sich ganz anders an als einer in der Stube. Wenn ich meine Beute daheim endlich in die Waschküche schleppte, hatte sich das schlanke, pfeilgerade Stämmchen doch wieder in ein krummes und kümmerliches Gewächs verwandelt, auch der Vater betrachtete es mit Sorge. Er mußte seine ganze Zimmermannskunst aufwenden, um das Ärgste zurechtzubiegen, ehe uns die Mutter dazwischenkam.

Ach, die Mutter! In diesen Wochen lief sie mit hochroten Wangen herum, wie mit Sprengpulver geladen, und die Luft in der Küche war sozusagen geschwängert mit Ohrfeigen. Dabei roch die Mutter so unbeschreiblich gut, überhaupt ist ja der Advent die Zeit der köstlichen Gerüche. Es duftet nach Wachslichtern, nach angesengtem Reisig, nach Weihrauch und Bratäpfeln. Ich sage ja nichts gegen Lavendel und Rosenwasser, aber Vanille riecht doch eigentlich viel besser, oder Zimt und Mandeln.

Mich ereilten dann die qualvollen Stunden des Teigrührens. Vier Vaterunser das Fett, drei die Eier, ein ganzer Rosenkranz für Zucker und Mehl. Die Mutter hatte die Gewohnheit, alles Zeitliche in ihrer Kochkunst nach Vaterunsern zu bemessen, aber die mußten laut und sorgfältig gebetet werden, damit ich keine Gelegenheit fände, den Finger in den köstlichen Teig zu tauchen. Wenn ich nur erst den Bubenstrümpfen entwachsen wäre, schwor ich mir damals, dann wollte ich eine ganze Schüssel voll Kuchenteig aufessen, und die Köchin sollte beim geheizten Ofen stehen und mir dabei zuschauen müssen! Aber leider, das ist einer von den Knabenträumen geblieben, die sich nie erfüllt haben.

Am Abend nach dem Essen wurde der Schmuck für den Christbaum erzeugt. Auch das war ein unheilschwangeres Geschäft. Damals konnte man noch ein Buch echten Blattgoldes für ein paar Kreuzer beim Krämer kaufen. Aber nun galt es, Nüsse in Leimwasser zu tauchen und ein hauchdünnes Goldhäutchen herumzublasen. Das Schwierige bei der Sache war, daß man vorher nirgendwo Luft von sich geben durfte. Wir saßen alle in der Runde und liefen blaurot an vor Atemnot, und dann geschah es eben doch, daß plötzlich jemand niesen mußte. Im gleichen Augenblick segelte eine Wolke von glänzenden Schmetterlingen durch die Stube. Einerlei, wer den Zauber verschuldet hatte, das Kopfstück bekam jedenfalls ich, obwohl es nur bewirkte, daß sich der goldene Unsegen von neuem in die Lüfte hob. Ich wurde dann in die Schlafkammer verbannt und mußte Silberpapier um Lebkuchen wickeln – ungezählte Lebkuchen!

Es kam endlich doch der Heilige Abend, und mit ihm die letzte der Prüfungen, das Bad in der Küche. Das fing ganz harmlos an, ich saß im Zuber wie ein gebrühtes Schweinchen und plätscherte verschämt mit dem Wasser, in der Hoffnung, daß ich nun doch schon groß genug sei, um der Schande des Gewaschenwerdens zu entgehen. Aber plötzlich fiel die Mutter wieder mit der Reisbürste über mich her, es half nichts, kein Gezeter und Gespreize. Erst in der äußersten Not erbarmte sich der Vater und nahm ein bis zur Unkenntlichkeit entstelltes, ein durchscheinendes Geschöpf in seine Arme. Da war sie nun wirklich, die stillste Zeit im Jahr, wirklich Stille und Friede und köstliche Geborgenheit an seiner breiten Brust. Später, wenn die Kerzen am Baum längst erloschen waren, um die Mitternacht, durfte ich die Mutter zur Mette begleiten. Ich weiß noch gut, wie stolz ich war, als sie mich zum erstenmal nicht mehr an der Hand führte, sondern neben sich her gehen ließ als ihren Sohn und Beschützer. Auch in der Kirche kniete ich nun auf der Männerseite. Die Frauen sangen auf dem Chor, und der Pfarrer am Altar hielt eine Weile inne, um das Weihnachtslied anzuhören, diese holde Weise von der stillen Nacht, die schon so lang, über Grenzen und Zeiten hinaus, das Gemüt der Menschen bewegt. Heute liegt das alles weit zurück, aller Weihnachtsglanz der Kindheit. Aber die Christnacht ist immer noch voll von Geheimnissen, sie blieb die Nacht der Offenbarungen. Ich trete vor das Haus, lang vor Mitternacht, ich schaue empor, das Licht der Gestirne stürzt mir in die Augen, aber alles ist still, alles hält den Atem an und wartet auf das Wunder. Auf den Höhen sehe ich schwebende Lichter, als hätten sich Sterne vom Himmel gelöst und wanderten nun ins Tal. Das sind die Kienfackeln und die Laternen der Leute, die vom Berg herab zur Mette gehen. Im letzten Jahr, als ich selber den verschneiten Bach entlang lief, da fand ich eine erfrorene Kuckucksblume, unzählige braune Samenkörner rieselten in meine Hand. Und während ich sie weit verstreute, dachte ich so vor mich hin, wie tröstlich es doch ist, daß sich Gottvater nicht auch von den Ergebnissen unserer Wissenschaft erschrecken läßt, sondern daß er nach wie vor nur seinen Kuckucksblumensamen erzeugt.

Ich ging aber weiter, und plötzlich schlugen die Glocken an und läuteten freudevoll zusammen. Gloria! sang der Pfarrer in der Kirche mit aller Gewalt – Gloria in excelsis Deo! Und die Leute fielen ins Knie, und es waren wieder Hirten und Bauern wie damals in der gesegneten Stunde.

Nun ja, Hirten – aber wir, meine Freunde? Leben wir nicht auch in einer Weltzeit des Advent? Scheint uns nicht alles von der aufkommenden Finsternis bedroht zu werden, das karge Glück unseres Daseins? Wir warten bang auf den Engel mit der Botschaft des Friedens und überhören so leicht, daß diese Botschaft nur denen gilt, die guten Willens sind. Es ist keine Hilfe und keine Zuflucht bei der Weisheit der Weisen und bei der Macht der Mächtigen. Denn der Herr kam nicht zur Welt, damit die Menschen weiser, sondern damit sie gütiger würden. Und darum sind es allein die Kräfte des Herzens, die uns vielleicht noch werden retten können.

Unsachliches über einen Maler

Es ist für mich immer aufregend, wenn Malerbesuch zu mir kommt. Malersleute haben von Natur etwas Draufgängerisches an sich, etwas Unverkennbares, sie sind Maler in allem, was sie tun, so wie Ärzte immer Ärzte sind. Sie tragen ja auch ihren besonderen Geruch an sich, die einen nach Lysol, die andern nach Leinöl. Wir Bücherschreiber sind viel schwerfälliger, gewissermaßen hinterhältiger, die Wiederkäuer unter den Künstlern.

Im Augenblick ist das Haus verwandelt und zur Werkstatt geworden. Keilrahmen lehnen in allen Ecken, Mappen liegen auf den Stühlen, Bilder werden mit Reißnägeln an die Wand geheftet, oder es tritt ein Hausgenosse im dunklen Gang auf eine Farbtube und trägt die Spuren seines Wandels arglos durch die Stuben. Der Hausfrau zuliebe nehme ich in so einem Fall den Gast unterm Arm und sage etwa: »Lieber Freund und Meister, es ist Malwetter, wir wollen uns die Gegend betrachten.«

Ich habe mich ja selber zuweilen mit Pinsel und Farbe versucht, darum glaube ich zu wissen, worauf es ankommt, was malenswert ist und was nicht. Es gibt da wundervolle alte Häuser in unserm Dorf, die sind schön wetterbraun und windschief, und Geranien quellen aus allen ihren Fenstern, als seien sie bis zum Dach damit gefüllt. Aber nein, alte Häuser mag der Meister nicht malen, und Geranien noch weniger, die seien ihm zu rot, sagt er. Erst vor dem Armenhaus bleibt er stehen und fängt an, den Kopf schief zu halten und wägend durch die Brillen zu blinzeln.

Wahrhaftig, hier, vor diesem Ungeheuer an Scheußlichkeit, diesem getünchten Ziegelklotz mit dem grauen Blechdach darüber, pflanzt er seine Staffelei auf und ist wirklich willens, einen neuen Bogen Papier zu verschwenden. Vielleicht, denke ich, hat er mittags zuviel Wein getrunken, ich kenne das. Aber schon ist der Meister im Zug, er nimmt das Maß am Himmel und stößt den Pinsel in die Farbnäpfe, und der oft erlebte Zauber beginnt.

Nichts ist leichter, als ein Armenhaus zu malen. Wunderbar steht das silbergraue Dach gegen den braungewölkten Himmel, ein rötlicher Schein fliegt über das kalkige Gemäuer, ganz richtig ist das alles ja nicht, denn der Himmel ist weiß, und die Mauern sind schlechthin grau, aber es ist dennoch wahr, in einem anderen, besseren Sinne wahr. Ich merke etwas: Malerisch ist nicht das Gemalte, sondern der Maler.

Es sieht verblüffend aus, wie er es treibt, beinahe spielerisch. Form und Farbe fließen ihm wie zufällig aus der Hand, als könnten sie ebensogut auch anders verteilt sein. Die häßliche Telegraphenstange mitten im Garten, denke ich, die wird er natürlich unterschlagen. Aber nein, er malt sie hin, mit zwei kühnen Strichen. Oben fließt ihm Wasser hinein, schadet nichts, ohne dieses Mißgeschick wäre das Ganze nur halb so schön. In Wahrheit ist das gar kein Mißgeschick, sondern es wirkt eine geheime Ordnung in dem scheinbar absichtslosen Tun des Meisters.

Manchmal habe ich mich verlocken lassen, auch einen Versuch zu wagen. Mein Geschick reicht gerade hin, die äußere Gestalt der Dinge ungefähr nachzumalen. Allein es zeigt sich immer wieder, daß es darauf gar nicht ankommt. Es gelingt mir nie, das Ganze des Bildes so zusammenzuschließen, daß es die Wesenszüge des Dargestellten zeigt. Wie der Meister, offenbar unbewußt und unberechnet, den Umriß eines Baumes, den Farbton einer Fläche hinsetzt, so sind sie auch endgültig und unabänderlich notwendig für den Einklang des Bildes, das er malt.

Nein, ich schlage meine Mappe bald wieder zu und räche mich, indem ich den Meister auf das Glatteis der Theorie führe. Ob es eigentlich Kunst an sich gäbe, frage ich arglistig, eine Kunst, die um ihrer selbst willen da wäre? Der Meister meint, es scheine ihm manchmal so zu sein, weil er so wenig Bilder verkaufen könne. Aber das sind Ausflüchte. Ich sehe, daß ich ihm die Sache genauer erklären muß. Die Kunst, sage ich, erschöpfe sich doch nicht in der Hervorbringung des Kunstwerkes. Es sei doch wohl so, daß der Sinn der Kunst in einer Wechselbeziehung dreier Wesenheiten liegen müsse, in einer Beziehung zwischen dem Schaffenden, dem Werk und dem, für den das Werk geschaffen wurde. Keine dieser drei Wesenheiten sei entbehrlich. Darum könnten wir zum Beispiel nie ein zufälliges Naturgebilde als Kunstwerk ansprechen, eben weil eine Voraussetzung fehle, die erkennbare Herkunft aus dem schöpferischen menschlichen Geist. Und ebensowenig sei ein Kunstgebilde als Kunstwerk zu werten, wenn es nicht erlaube, die andere Beziehung, die zum Aufnehmenden, herzustellen.

Möglich, meint der Meister. Er wisse das nicht, er sei bloß Maler. Was Kunst sei, habe seiner Meinung nach Nestroy am besten gesagt.

Kunst ist, was man nicht kann, sagt Nestroy. Denn wenn man's kann, ist's keine Kunst mehr.

III

Blick in die Werkstatt

Wenn ich hier nachzuweisen versuche, wie eines meiner Bücher, nämlich das ›Jahr des Herrn‹ entstanden ist, so weiß ich wohl, daß das Ergebnis dieses Unternehmens kaum von allgemeinerem Wert sein kann. Denn es wird mir, indem ich den Vorgang aus der Erinnerung und nach spärlichen Aufzeichnungen beschreibe, nicht gelingen, das eigentliche Wirkende deutlich zu machen oder auch nur zu erklären, wie es möglich ist, daß auf so wunderlichen Wegen, mit so unzulänglichen Mitteln, so zufällig etwas entstand, was man nachher immerhin als ein lesbares Buch gelten ließ.

Der Plan für eine Erzählung entspringt, wenigstens bei mir, nie einem einzelnen spontanen Einfall. Ich habe nur eine ungefähre, undeutliche, geräumige Vorstellung von dem, was ich machen will, aber diese Vorstellung war neben etlichen anderen schon immer da, seit ich überhaupt den Entschluß faßte, mich aus der Gemeinschaft der Vernünftigen zu entfernen und Schriftsteller zu werden. Die Wahrheit zu sagen, mein Kopf ist nicht sehr reich mit Ideen gesegnet, und es sind leider zeitlebens immer die gleichen gewesen, die mich beschäftigt haben. Erfinderisch bin ich nur dort, wo ich mich schon an das Gegenständliche halten, in Bildern denken kann.

Die Schwierigkeit liegt also für mich jedesmal darin, daß ich ganz hilflos bin und nicht anzufangen weiß, ehe es mir gelingt, einen grundsätzlichen Gedanken durch geduldiges Umkreisen und Belauern gleichsam so zu quälen, daß er endlich von irgend einer Seite her Gestalt annimmt.

Als ich das ›Jahr des Herrn‹ zu schreiben begann, hatte ich vor, das religiöse Leben schlichter Landleute im Ablauf eines Jahres darzustellen. Aber ich dachte noch zu viel und sah nicht deutlich genug. Weil mir schien, es käme vor allem darauf an, die erlösende Kraft des einfachen, einfältigen Glaubens im Wirrsal des Daseins zu schildern, wollte ich das Ganze auf düsterem Grunde malen, und deshalb beginnt das Buch gleichsam mit einem Mollakkord, mit der Gleichung zwischen Wiege und Sarg. Aber mir war nicht wohl dabei, eigentlich hatte ich einen ganz anderen, freudigeren Klang im Ohr, das Wort der Schrift: »Wenn ihr nicht seid wie die Kinder, dann werdet ihr das Himmelreich nicht erlangen!« Unversehens, noch ganz ohne Absicht, geriet mir die Figur des kleinen David in die Geschichte, einfach, weil der Pfarrer auf dem Versehgang einen Begleiter haben mußte. Anfangs wollte ich ihm einen alten versoffenen Mesner mitgeben, um die Mahnung des Evangeliums von dieser Seite her auszulegen. Eine Weile spielte ich mit dieser Gestalt, die eben um ihrer Sünden willen Gnade finden sollte, sie versprach mir viel. Wenn ich nämlich irgend ein Wesen einmal in festen Umrissen vor Augen habe, dann brauche ich mich nur still hinzusetzen und ihm zuzusehen, es beginnt auf seltsame Weise von selber tätig zu sein, weit hinein in eine noch dunkle Geschichte.

Nun ließ ich also meinen Mesner neben dem Pfarrer herstolpern und krauses Zeug schwatzen, ich dachte noch, daß es hübsch wäre, wenn er in seiner Verworfenheit auch einmal für einen Hasen mit der Schelle läutete. Aber zugleich gefiel ich mir darin, den anbrechenden Tag zu beschreiben, und in dieses keusche Bild wollte sich der Betrunkene nicht fügen. Die Erscheinung zerrann und kehrte wieder in der Gestalt des David. Ich verliebte mich sogleich in den kleinen Burschen, und um ihm weiter nachtrachten zu können, schloß ich das erste Kapitel eilig ab, man merkt es ja auch.

Erst von dieser Stelle weg hielt ich den Faden der Geschichte sicher in der Hand. Allein, nun hatte ich mit einer anderen Schwierigkeit zu kämpfen: ich wußte nicht genug von dem, was ich darstellen wollte, obgleich ich mir doch zutrauen durfte, daß ich in den langen Jahren meines Lebens im Dorf hinreichend genaue Eindrücke von den Vorgängen um mich her gewonnen haben müßte. Aber jede Kleinigkeit ist Teil eines Ganzen, irgendwie hängt alles zusammen, und selbst das Geringste läßt sich nur dann glaubhaft ausdrükken, wenn der größere Zusammenhang dahinter noch fühlbar bleibt. Wer es unternimmt, Bücher zu schreiben, für den darf es in der Welt nichts geben, was nicht sofort und überall eine leidenschaftliche Wißbegierde in ihm weckte. Ich schrieb einmal einem jungen Autor, daß er nicht wagen dürfe, etwa eine liebende Frau zu schildern, wenn er nichts von Botanik verstehe. Er hielt das wahrscheinlich für einen mäßigen Scherz, aber es ist nur ganz wenig übertrieben. Freilich meine ich nicht, daß der Schriftsteller sich Wissen aneignen soll, um damit zu prunken, mit dem unehrlichen Glanz einer Talmigelehrsamkeit, die ihm doch nur wie geborgter Jahrmarktflitter anstünde, weil sie nicht durch tätiges Wirken gewonnen und beglaubigt ist. Nicht *was* er weiß, soll sichtbar werden, sondern fühlbar, *daß* er weiß. Ich habe mir von jeher vorgehalten und auferlegt, daß nirgends in meiner Arbeit die Mühe zu merken sein dürfe, die sie gekostet hat. Das ist eine unbequeme Forderung. Wenn mir nämlich Gott den Tag sauer werden ließ, dann kommt es mich hart an, die Leute glauben zu lassen, er habe mir's im Schlaf gegeben.

Aber in diesem Zusammenhang wird dem Charakter noch etwas weiteres abverlangt: Mut zur Banalität, ich will sagen, zur äußersten Einfachheit. Nichts ist leichter, als sich schwierig auszudrücken. Der Versuchung, einem simplen Einfall Gehalt und Bedeutung anzuheften, indem man ihn mit dunklen Worten verbrämt, dieser Verlockung kann man mitunter wirklich kaum widerstehen. Der unverfehlbare Erfolg beruht auf dem einfachen Trick, daß der gutwillige Leser die Hilflosigkeit, mit der er ein solches Wortgebilde auseinanderzuklauben versucht, seinem eigenen Unvermögen zuschreibt und also vermöge einer anerzogenen Ehrfurcht vor allem Gedruckten glaubt, er verstünde nur nicht, was ohnehin kaum lohnt, verstanden zu werden.

Nun, im Grunde ist es doch ein recht schäbiger Trick, dessen man sich schämen müßte. Daß ein Schriftsteller mit Worten umzugehen weiß, wie ein Maler mit Farbe, das versteht sich von selbst. Jedoch, das Künstliche ist noch nicht Kunst. Immer war es mein dringendstes Anliegen, gegenständlich zu denken, nach innen hinein genau zu sehen. Gelingt es mir, einen Gedanken gegen sein sinnliches Bild zu vertauschen, dann habe ich schon halb gewonnen. Ich versuche, dieses Bild im Kopf mit Worten abzuformen. So entsteht zunächst ein noch weitläufiges und verworrenes Gebilde aus Einfällen, die mitunter so schnell im Gehirn aufblitzen, daß ich kaum mit der schreibenden Hand folgen kann. Sowie ich versäume, einen Ausdruck oder eine Wendung augenblicklich festzuhalten, sind sie spurlos verloren, sie haften nicht im Gedächtnis.

Dieser erste Niederschlag, im Gehen oder Sitzen auf den nächstbesten Zettel oder, zum Schrecken der Hausgenossen, auf Möbel und Wände gekritzelt, dieses krause Zeug muß nun einer langwierigen, umständlichen Läuterung unterzogen werden. Ich bin fest davon überzeugt, daß es für alles, was man in einer bestimmten Absicht ausdrücken will, nur eine einzige, wirklich genau zutreffende Form gibt und daß diese Lösung immer auch die einfachste ist. Dieses Suchen und Versuchen dehnt sich zuweilen in einer stundenlangen Marter hin, und das Ergebnis ist vielleicht nur eine spielerisch hingesagt klingende Wendung von der Länge zweier Zeilen. Ich weiß nicht, ob je die Muse Auftrag hatte, sich meinetwegen zu bemühen – geküßt hat sie mich jedenfalls nie. Und wenn mir ab und zu trotzdem eine jener Lösungen geglückt sein sollte, dann wäre es das Äußerste, was ich mir überhaupt an künstlerischem Vermögen zuschreiben möchte. Daß dergleichen Bemühungen heutzutage nicht eben hoch im Kurs stehen, darf mich weiter nicht entmutigen, es ist ja auch abwegig, mit dem ganzen Aufwand in der Werkstatt zu bleiben, denn das Publikum schätzt den Wert einer Arbeit gern nach dem Lärm ab, den man dabei macht.

Weil ich mir vorgenommen habe, einmal aufrichtig zu sein, will ich auf die Gefahr hin, etliche meiner Leser zu vergrämen, auch noch eingestehen, daß ich keineswegs »mit dem Herzen« schreibe. Was ich darstelle, bewegt mich selber nicht, mir liegt nur daran, daß es andere bewege. Aus eingeborenem Instinkt und aus langzeitiger Erfahrung weiß ich um die Mittel, diese Wirkung zu erreichen, und ich wende sie bewußt an, indem ich meine Kräfte immer wieder im engsten Augenblick sammle, das ist alles. So wenig ein Arzt heilen kann, der selber mitleidet, so wenig vermöchte ein Künstler zu trösten, der für sich Trost suchte. Und trösten wollen wir doch, wofür sonst sollte es Kunst geben? Ich fluche und heule freilich mitunter am Schreibtisch, aber nicht aus Ergriffenheit, sondern aus Wut. Allerdings, wenn ich gelegentlich einmal in einem meiner Bücher blättere, dann kann es geschehen, daß mich irgend eine Stelle plötzlich zu Tränen rührt, und das gehört zu den wenigen Dingen, mit denen ich mich selber zu verblüffen vermag.

Ich bin weit abgekommen, um beim Thema zu bleiben. Auch die Gestalt des kleinen David war nicht von ungefähr entstanden. Ich hatte lange schon vorgehabt, einmal das Schicksal eines der Magdkinder zu schildern, die in den Dörfern zu Dutzenden aufwachsen und wieder abwelken, aber ich scheute mich immer ein wenig davor, es hätte doch eine sehr traurige Geschichte werden müssen. Nun, im Zusammenhang mit dem eigentlichen

Vorwurf des neuen Buches wurde diese Figur sogleich zur tragenden, sie hellte sich zusehends auf und stimmte gleichsam die Tonart des Ganzen nach Dur hinüber.

Die zuerst angesponnene Geschichte von der Kindsmörderin Christine wollte ich aber trotzdem weiterführen, nur um mehr Raum zu haben und gelegentlich dorthin ausweichen zu können, wenn das Gewebe dünn zu werden drohte. Heute würde ich anders verfahren, ich hätte den Mut nicht mehr, zweierlei Faden so unbekümmert durcheinander zu wirken.

Es ist mir nicht gegeben, den Ablauf einer Erzählung von vornherein genau festzulegen. Ich habe wohl ein unklares Bild vom Umriß des Ganzen oder auch etwas wie ein Skelett vor Augen, aber das Eigentliche, das Fleisch sozusagen, bildet sich erst nach und nach fast planlos bei der täglichen Arbeit. Zwar nehmen mitunter einzelne Episoden schon im Vorausdenken deutlichere Gestalt an, aber ich kann dergleichen doch nie vorwegnehmen, sondern ich strebe von weither darauf zu und rette mich so von einem festen Halt zum andern hinüber.

Natürlich habe ich, was das Technische betrifft, im Lauf der Jahre etliche Kunstgriffe gefunden und anzuwenden gelernt, solche des sprachlichen Ausdrucks und andere, die für das Motivische brauchbar sind. Das, worum man im Deutschen hauptsächlich zu kämpfen hat, ist das Zeitwort, in ihm muß die ganze Kraft eines Satzes versammelt sein, und deshalb darf es nicht nachgeschleppt oder in Umschreibungen verzettelt werden. Beim Gebrauch von Adjektiven zwinge ich mich zu äußerster Sparsamkeit, nur zu oft ertappe ich mich bei dem Versuch, über die Unschärfe eines Begriffes durch Beiwörter wegzutäuschen. Aus demselben Grunde gestatte ich mir auch kaum einmal das bequeme Mittel des Vergleiches. Ein Ding zu schildern, indem man sagt, es gliche einem ähnlichen, Herbstlaub etwa glänzte wie Gold an den Zweigen – dieser Kniff erzielt nur scheinbar eine Bereicherung oder Vertiefung des Ausdrucks, in Wirklichkeit verwäscht und verzerrt er ihn nur, denn Vergleiche hinken tatsächlich immer. Nur im Bereich des Humors läßt sich eben dieser Umstand manchmal mit Glück ausnützen.

Im Erzählerischen wiederum habe ich besonders zwei Möglichkeiten vorteilhaft gefunden. Die eine beruht darauf, den gedanklichen Untergrund einer Szene überraschend in einer kurzen, sentenzartigen Wendung zusammenzuraffen. Der Leser empfindet es durchaus angenehm, plötzlich mit einer klaren Formulierung dessen verblüfft zu werden, was er im sinnenhaften Genuß einer Situation schon eine Weile dunkel mitfühlte.

Die andere Möglichkeit sehe ich in der vielseitigen Kunst des Verflechtens und Verzahnens von

Motiven. Wenn nämlich scheinbar bedeutungslose Nebenumstände, die der Lesende zunächst kaum beachtet (wie etwa die Sache mit dem Zopfband, dem Pferdegeruch, der Pudelmütze), später immer wieder in einem neuen Zusammenhang auftauchen, dann erweckt das ein seltsam wohltuendes Gefühl des Vertrautseins mit dem Ganzen, und zugleich gewinnt die Erzählung dadurch eine nahtlose Dichte, die ich auf keine andere Weise zu erreichen wüßte. Ich hätte ja noch mancherlei dergleichen einzugestehen, aber ich beschränke mich doch lieber auf den obersten aller Grundsätze: daß zuletzt nichts von Absicht und gewollter Wirkung spürbar sein darf.

Was mir den Entschluß, ein Buch zu schreiben, so schwer macht, ist vor allem die unabsehbare Langwierigkeit eines solchen Unternehmens. Deshalb habe ich mir ein förmliches System von Selbsttäuschungen zurechtgelegt, mit dessen Hilfe es wunderlicherweise immer wieder gelingt, mir alle Fluchtwege abzuschneiden.

Im Freien zu arbeiten ist nicht erlaubt. Kein Werkzeug darf in der Stube zur Hand sein, an Büchern nur die allerlangweiligsten Klassiker. Ich schreibe, zunächst mit der Hand, auf große Bogen starken Papiers, und zwar Tag für Tag neun Zeilen. Dabei kann ich mir am Morgen leicht einreden, daß diese neun Zeilen nicht eben viel seien. Aber in Wirklichkeit, weil meine Schrift winzig klein ist und weil ich den Bogen von Rand zu Rand ohne Zeilenabstand vollmale, dehnt sich jenes Quantum nachher im gedruckten Buch auf anderthalb Seiten aus.

Nie schreibe ich weniger, nie auch nur um ein Wort mehr, und wenn die neunte Zeile mitten im Satz endet, so wird die Feder trotzdem weggelegt. Mitunter läßt sich der Faden leichter spinnen, dann bin ich schon zeitig am Ziel, und der ganze köstliche Rest des Tages darf beliebig vergeudet werden. Ein anderes Mal freilich muß ich mich noch am Abend und bis in die tiefe Nacht hinein damit plagen, irgend ein lumpiges Sätzchen ins Gleichgewicht zu bringen. Ich glaube nicht, daß der jeweilige seelische Zustand, also das, was man Stimmung nennt, die Arbeit merkbar beeinflußt. Man könnte gar nicht ein langes Jahr über in »Stimmung« bleiben, und was hülfe es auch!

So füllen sich die Seiten nach und nach. Beim ›Jahr des Herrn‹ sind es neun gewesen. Im Frühling begann ich das Buch. Die Tage wuchsen, Sommerhitze wehte in die kühle Kammer, Gewitter tobten um das Haus. Es wurde wieder still, es kam der Herbst, die lange, düstere Winterzeit, aber ich geriet noch weit in das andere Jahr hinein. Als ich das letzte Wort geschrieben hatte, überkam mich kein Freudensturm, sondern eine plötzliche Krise, ein Zustand völliger Erschöpfung und Verzweiflung. Ich empfand mit deutlichster Gewißheit, daß mir alles völlig mißlungen sei. Welche Stelle immer ich mir gegenwärtig machte, jede erschien mir zum Entsetzen läppisch und belanglos, und tatsächlich hinderte mich nur ein Zufall, nämlich der Ärger über einen lästigen Besuch, daran, das Ganze zu vernichten und neu zu beginnen.

Mißmutig entschloß ich mich dann doch, den gewohnten Weg einzuhalten, indem ich das Manuskript im Diktat überlas. Die Dichtkunst ist ihrer Herkunft nach eine Kunst des »Singens und Sagens«, und deshalb muß das erzählende Wort daraufhin erprobt werden, ob es auch klingt. Beiläufig gesagt, wenn man mir zuweilen einräumen will, ich wisse gut vorzulesen, so liegt das Geheimnis nur darin, daß ich nicht deklamiere, sondern eben einfach erzähle. Ich ahme gleichsam mich selber nach, so wie ich etwa sprechen würde, mit kleinen Pausen und Stockungen und helfenden Gesten, wenn ich die Geschichte im Augenblick zu erfinden hätte.

Die klare und übersichtliche zweite Niederschrift wird nun noch einmal gründlich bearbeitet. Am Ablauf der Handlung ändert sich nichts mehr, aber im Formalen sind die Korrekturen sehr umfangreich, und weil sich dieses Feilen und Glätten doch nur auf etliche Wochen ausdehnt, gelingt es leichter, das Ganze endgültig abzurunden und auf einen einheitlichen Ton zu stimmen.

Aber genug davon. Wenn ich diese Seiten überfliege, dann sehe ich wohl mit Beschämung, wie anspruchsvoll manches klingt, wie wenig Wesentliches mir zu sagen gelungen ist und daß sich eigentlich nur wieder die beste meiner Gaben bestätigt hat, nämlich die, das Thema zu verfehlen.

Über das Vorlesen

Die Kunst, Bücher zu schreiben, mag ja eine nicht ganz alltägliche Gabe sein. Aber hinterher tausend Meilen weit zu reisen und aus diesen Büchern vorzulesen, als hätte man es landauf und -ab mit lauter Analphabeten zu tun, das halte ich für einen Unfug. Und wie immer, wenn die Eitelkeit mitspielt, ist es der Teufel, der einem die Karten mischt.

Das Unheil beginnt jedesmal damit, daß man hilflos auf einem fremden Bahnhof steht. Natürlich wurde ein Mädchen zum freundlichen Empfang geschickt, aber die Jungfer lächelt Kaufleute und Pastoren an, infolge der Unsitte, daß man nur beleibte Dichter in Erz gießt und als Muster auf die Plätze stellt. Manchmal freilich trifft man auch auf einen Mann, der einem mit todernstem Gesicht in den Weg tritt. Dieser vergrämte Mensch ist aus rätselhaften Gründen gewöhnlich der Kassier. Unterwegs entwirft er ein düsteres Bild des kommenden Abends, es sind Zirkusleute zugezogen, außerdem ein berühmter Sänger und ein Zauberkünstler. Nicht immer ist der Begleiter so gütig wie jener, der mir zuletzt ermutigend auf den Rücken klopfte und sagte, es sei auch »Musike« bestellt worden, damit die Leute doch »etwas« hätten.

Seltsam nach alldem, daß immerhin schon Menschen in dem Saal sitzen. Man mustert die Menge beklommen, weit ängstlicher als David seinen Riesen Goliath, denn er hatte doch wenigstens einen Stein in der Tasche, nicht nur eine Handvoll Papier. Inzwischen ist das Verhängnis schon lang geschäftig unterwegs, es spannt Fallstricke aus Lampenschnüren über das Podium und stellt das Topfgewächs auf den Tisch, jenes mannshohe Gesträuch, aus dem man nachher unsichtbar sprechen muß wie der biblische Gott aus dem Dornbusch. Auch die Wasserflasche vergißt das Saalgespenst nicht. Wer kam wohl zuerst auf den Gedanken, Lampenfieber sei mit lauwarmem Wasser zu heilen? Er kann kein guter Mensch gewesen sein, ein einziges Mal nippte ich an dem Glas, aber ich tue es nie wieder. Unversehens hatte ich eine harte Wasserkugel geschluckt, die dann eine Weile gurgelnd im Halse auf- und niederstieg. Zunächst wird man nun in die leere erste Reihe gesetzt, wo die Würdenträger säßen, wenn sie da wären. Man weiß, nun wird der Deutschlehrer des Gymnasiums auftreten, um alle Professoren zu rächen, die man in sorgloser Jugend mit dem Anspruch geärgert hat, keine Grammatik lernen zu müssen, weil man Dichter werden wolle. Nun erfährt man allerlei Anrüchiges über sich selber. Daß man mit dem Boden verwachsen sei, will man noch gelten lassen, man versänke sogar am liebsten darin. Aber der Gelehrte behauptet außerdem, man röche geradezu nach Erde, und das ist nicht wahr. Ich weiß nicht, wie Professoren riechen, jedenfalls würde ich es keinem öffentlich vorhalten.

Welche Wohltat, daß der Mann endlich schweigen und den Spielleuten Platz machen muß.

Musik hilft immer, wenn sie auch mitunter ein langwieriges Geschäft ist. Allmählich versinkt man in einen sanften Dämmerschlaf, der Saal ist kirchenstill, man weiß nicht mehr, weswegen man eigentlich gekommen ist, und alle Ängste schmelzen weg. Aber plötzlich haben die vier Männer an ihren Pulten einen Ausweg gefunden, man wird aufgescheucht und selber auf die Bühne gewiesen.

Dort saß das Unheil schon lang, es hat inzwischen ein Tischbein kürzer gesägt, hat den Lampenschalter gelockert und das Manuskript durcheinandergebracht, die letzte Seite liegt obenauf, und die erste fehlt ganz, vielleicht ist sie auf die Notenpulte geraten, damit wäre ja manches von vorhin zu erklären. Nun aber ist man gottverlassen allein, nichts mehr außer einem Schlaganfall könnte einen davor retten, dieses vieläugige, unruhig atmende Wesen vor sich im Saal mit lauten Worten anreden zu müssen. Ach, wie gerne wollte man den Kopf in den Arm legen und glückselig tot sein und nie wieder den Mund auftun!

Aber kein Nothelfer erbarmt sich. Endlich versucht man den Klang der Stimme an ein paar zaghaften Sätzen, horcht ihnen nach und sinkt in sich selber zurück, nun erst kann das alte, oft geübte Spiel beginnen. Immer wieder ist es auch neu und schwierig, das weiß Gott, es wäre einfacher, Kaninchen aus dem Hut zu zaubern, obwohl ich zugeben muß, daß ich auch das nie erlernen würde.

Da soll ein ruhiger und heiterer Mensch an dem Tisch sitzen und dies und das gelassen vor sich hinsagen, nur so von ungefähr, als sei es ihm eben erst durch den Kopf gegangen. Aber in Wirklichkeit kommt das alles weit her aus einer überwachen Seele. Wie spröde ist die Stimme, wie eigenwillig das leichtfertige Spiel der Hände, und wie schnell kann etwas mißraten, eine Geste, ein Laut, zu heftig geformt oder eine Pause, um eine Winzigkeit zu kurz bemessen.

Aber dann geschieht es plötzlich, daß ein Funke zündet – wer war es wohl, der zuerst diesen köstlichen Laut der Freude aus der Kehle schlüpfen ließ?

Alles ist gut und leicht mit einem Male, man fühlt, wie dieses widerstrebende Wesen unten erwacht und näher rückt und zutraulich wird. Jetzt ist es doch wieder, als spräche man zu einem einzelnen Menschen, den man im Herzen bewegen und heiter oder trübe stimmen kann.

Erschöpft hält man schließlich inne, ernüchtert und beschämt und traurig, ja, traurig auch. Jetzt wäre es gut, irgendwo bei einem würdigen Glas Wein zu sitzen, allein, oder mit einem verträglichen Mädchen. Aber die Mädchen haben alle Mütter, und die Mütter sind sehr argwöhnisch gegen unsereinen. Sie wollen nicht glauben, daß man ja nur erklären möchte, warum man so traurig sein muß: weil doch alles nur Trug und Gaukelei gewesen ist, weil das Wort, das einfache Wort, vor dem die Mauern fallen und alle Tore aufspringen, wieder ungesagt blieb. Und es wäre doch überall abzulesen, Gott hat es mit seinem gewaltigen Finger an den Himmel und über die Erde hingeschrieben. Aber in welcher Sprache redet Gott?

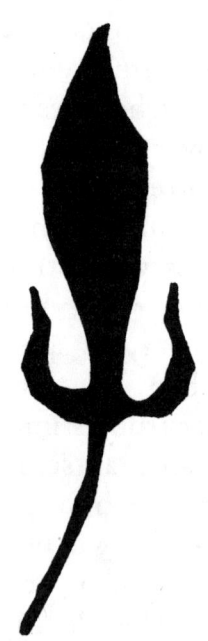

Intermezzo

Aus einem Reisetagebuch

Abends, nach langer Fahrt über Land, sind wir am Fuß einer mächtigen Burg angekommen, der Meister, das Mädchen und ich.

Nachts war ein schwerer Regen gefallen, unterwegs zog noch der Nebel in den Tälern umher, unschlüssig über Wiesen und Wälder, vom Wind getrieben. Mitunter brach auch die Sonne einmal durch das Gewölk, und dann leuchtete plötzlich ein Stück der Landschaft aus dem stumpfen Grau, ein blühendes Feld oder ein Dorf in der Ferne. Aber wieder erlosch das Licht, man sah die Sonnenscheibe geisterhaft hinter Wolkenschleiern flüchten. Der Himmel sank wasserschwer herab, und darunter lag, noch triefend naß, eine Welt voll grobschlächtiger, ungefüger Dinge, als sei sie eben aus der Schöpfungsflut getaucht.

Mittags rasteten wir auf einer felsigen Höhe. Der Meister versuchte, die Nebelgespenster im Tal zu malen, aber es fror ihn zu sehr. Ich sah ihn trübselig im Winde stehen und auf kurzen Beinen treten, wie einen gottverlassenen Pinguin an den Klippen des Eismeers.

Jedenfalls, hier stehen wir nun, vor dieser gewaltigen Burg. Burgen müssen großen Herren gehören, unsereinem stünde es schlecht an, hinter so dicken Mauern zu wohnen. Burgherren müssen auch von Zeit zu Zeit einmal unterwegs sein, gegen die Türken und Mongolen oder sonst in einer Sache, für die es sich lohnt, in den Harnisch zu steigen. Inzwischen kommen dann fahrende Leute und äugen die Mauern auf und ab, ob sie ein Loch fänden, durch das sie hineinschlüpfen könnten. Aber der Herr hat eine milde Hand, darum befahl er, es sollte jeder bei ihm Herberge finden und gastlich bewirtet werden, der vor dem Tor hielte und ins Horn bliese oder sonstwie zu erkennen gäbe, daß er von der Zunft der Künste sei, der Gaukler und Spielleute.

Alsbald wird das Tor aufgetan, und ein ansehnlicher Mann begrüßt uns auf der Brücke, der Burgvogt vielleicht, der Truchseß, er muß uns verzeihen, wir wissen ihn nicht zu nennen. Im großen Rittersaal wird uns der Tisch gedeckt, wir heben getrost die Krüge auf das Wohl des Burgherrn im fernen Heidenland. Nachher führt man uns treppauf und -ab durch die Gemächer, die Augen gehen einem über, denn die Mauern sind wirklich ungeheuer dick. Das Mädchen weiß sich auch gleich angemessen zu tragen, es steht auf dem Söller und schaut züchtig in den Hof, aber was den Meister und mich betrifft, von uns beiden ist nicht zu erwarten, daß wir nun auf die Rösser steigen und ein

Turnier ausfechten. Wir haben zu viel Wein unters Dach gebracht, das ist es, und der friedliche Abend dazu, der Mond am aufgebrochenen Himmel und der Duft von den Baumgärten her.

Später liege ich noch lange wach und höre dem Wipfelrauschen zu, einem leise schwätzenden Wasser auf dem Hof, wie ich es gern tue. Und ich bin sehr andächtig gestimmt, die Hände lege ich fromm unterm Kinn zusammen und danke, ich weiß nicht wem, für diesen Tag und für das Glück zu leben, auch dafür, daß es die einfachen Dinge immer noch gibt, jedem zum Trost, der Trost verdient. Immer noch Felder und rauschende Bäume und den Mond am Himmel, so hoch gehängt, daß ihn niemand dem andern zum Trotz herunterschießen kann...

Am Morgen nach dem Frühstück gibt es noch allerlei zu bewundern, was der Burgherr in müßiger Zeit gesammelt hat. Zinnsoldaten zum Beispiel, unabsehbare Völker winziger Menschlein, und alle eifrig damit beschäftigt, einander umzubringen. Mitten in der Schlacht sind sie zu Blei erstarrt, vielleicht zur Warnung für die großen, die das Pulver dazu erfunden haben.

Oder Schmetterlinge, viele tausend dieser unirdischen Wesen. Einmal schlüpften sie alle lebendig ans Licht und entfalteten ihre Flügel im Frühling, um eine Botschaft fortzutragen. Aber ein Mann der Wissenschaft wendete sein eigenes Leben daran, sie einzufangen und in diese Kästen zu spießen. Ich weiß, man muß ihm dafür dankbar sein, aber ein bißchen absinnig ist es doch auch, als hätte da jemand Gottes Briefmarken gesammelt. Schön wäre es jetzt, ein Zauberwort zu flüstern, und es höben alle wieder ihre Schwingen und flögen durch die Fenster davon, eine riesige, buntfarbene Wolke.

Ach ja, schön wäre es. Schön auch, eine Weile hier zu bleiben, hoch über der mühseligen Welt und allen Sorgen entrückt. Aber das ist dem Burgherrn ja selber nicht gegönnt, und darum ziemt es sich auch für den Gast, zur gemessenen Zeit den Hut zu schwenken und weiterzuziehen ...

Lob der Schweiz

Es läßt sich nur rund heraussagen: ich liebe die Schweizer, und ich liebe ihr Land, obwohl es dort allerlei Einrichtungen gibt, die einem Österreicher schwer zu schaffen machen, die Züge zum Beispiel, weil sie so ermüdend pünktlich sind, oder die hübschen Saaltöchter, weil sie einem jedes »Küß die Hand« mit ihrem undurchsichtigen »Ja gärn!« beantworten, oder gar die Sperrstunde zu einer Zeit, in der unsereins erst wach wird.

Und dann noch etwas, nämlich die Gästebücher.

Ein Mann, der wie ich bei seinem Handwerk ergraut ist, verfügt natürlich über einen gewissen Vorrat an geprägter Lebensweisheit, mit dem sich bei einiger Umsicht überall leidlich auskommen läßt, außer in der Schweiz. Denn dort hat nicht nur der Hausherr, sondern die ganze Familie bis zum Säugling herab je ein solches Legenest für Geisteseier vorbereitet. Und leider bin ich nicht so mutig wie jener Zunftgenosse, der zu schreiben wagte: »Dieses Album bringt ein Kalb um!« und der trotzdem mit dem Leben davonkam.

Einmal nun steckte ich, gänzlich erschöpft, das Buch der Hausfrau unter den Arm und meine Farbenschachtel in die Tasche, und dann setzte ich mich auf eine Bank am Fluß, um ein Bild der Stadt auf die leere Seite zu malen, es war keineswegs böse gemeint. In meinem Eifer merkte ich gar nicht, daß da ein Schweizer neben mir saß. Plötzlich klopfte der Mann auf meinen Arm und sagte (ich kann es nur dem Klange nach wiedergeben):

»Müend Sie läbe von dem G'schäfft?«

Ich sah dem Nachbar verblüfft ins Gesicht, in sein gutes, breites. Ich sah den hohen Hut obenauf, um eine Nummer zu klein – keine Kopfbedeckung, eine Bürgerkrone gleichsam, und da sagte ich, zögernd und nicht eben passend:

»Ja was – ich bin Österreicher!«

Daraufhin wurden seine Augen rund und ein

wenig feucht von Mitgefühl, er stieß den Hut mit dem Finger zurück und meinte:

»Au verfluecht!«

Goslar

Als ich zum erstenmal nach Goslar kam, wußte ich so gut wie nichts über diese Stadt, aber sie ist mir seither sehr lieb geworden, obwohl ich die vielen Heinriche und Friedriche in ihren Annalen noch immer nicht auseinanderhalten kann. Historische Kenntnisse sind ja nie meine Stärke gewesen, ich finde, daß die wirkenden Mächte der Geschichte eigentlich recht wenig Phantasie aufgewendet haben, und deshalb beschäftigt mich nicht so sehr das, was angeblich geschehen sein soll, sondern das, was merkwürdigerweise nicht geschehen ist. Vollends Geschichtszahlen fallen durch mein Gedächtnis wie durch eine Dachrinne.

Nun war ich also unterwegs nach Goslar und hatte meinerseits das Unglück, im Zug mit einer Dame ins Gespräch zu kommen. Dergleichen ist immer eine mißliche Sache für mich, weil meine tiefe Stimme völlig mit dem Unterton des allgemeinen Weltlärms zusammenklingt und dadurch unhörbar wird. In der ersten Verlegenheit bekannte ich gleich mein Reiseziel, und um nun meine hübsche Partnerin nicht mit solchen Belanglosigkeiten zu ermüden, fing ich an, von Goslar zu schwärmen, dem Rathaus, dem prachtvollen Dom, dem Brunnen, ich dachte, etwas dergleichen müsse es wohl auch in dieser Stadt geben. Wenn ich schon einmal schwärme, dann lasse ich mich auch nicht lumpen, ich merkte, daß die Dame meiner Schilderung dieser seltsamen Stadt sehr aufmerksam folgte, ein wenig belustigt zwar, aber sichtlich angetan, und zuletzt meinte sie, daß es doch hübsch wäre, wenn sie nun einfach einen Zug überschlüge und sich Goslar von mir zeigen ließe.

Gut, mit dieser Schlinge um den Hals brachte ich meine Koffer in das nächste Hotel, und dann, auf dem Weg zur Stadt, der scheußlich war wie in allen Städten, kramte ich eifrig in meinem Kopf, ob sich denn gar nichts darin fände, was nur einigermaßen mit der Wirklichkeit übereinstimmte. Hat denn nicht Heine, dachte ich, einmal etliches über Goslar geschrieben? Und bei Goethe gibt es doch überhaupt nichts, worüber er nichts gesagt hätte. Inzwischen tröstete ich meine Begleiterin wegen der Greuel in der Bahnhofstraße, es sei ja um so Schöneres zu erwarten.

Unversehens standen wir vor einem Turm. Zu meinem Glück haben die Stadtväter überall das Bemerkenswerte mit Inschriften versehen, damit ihnen nichts mehr abhanden kommen kann, sie verfahren nicht so sorglos wie die Alten, die ihre Dome und Zunfthäuser und Kaiserstühle auf Abbruch verkauften. Jener Turm also hieß der Achtermann. Das käme daher, erklärte ich, daß immer acht Mann der Stadtwache hinter den Zinnen standen und durch die Schießscharten spähten, wenn die Zeiten grob zu werden drohten. Das fand die Dame sehr einleuchtend. In meiner Bedrängnis fiel es mir gar nicht auf, daß sie merkwürdig sicher und genau dorthin strebte, wo sie mich aufs Eis führen konnte. Da ragten die ungleichen Türme des Domes der Marktkirche über Schieferdächer in den schieferblauen Himmel, aber die seien gar nicht ungleich, meinte die Dame, sondern einfach Mann und Frau. Tatsächlich, eine treffende Auslegung, die Frau trug ja auch ein bezauberndes Hütchen und unterhalb eine Uhr, damit der Mann jeweils wüßte, wieviel es geschlagen hat. Ein wenig weiter fanden wir auch den Stadtbrunnen, genau so, wie ich ihn schon in der Bahn geschildert hatte, nur der Vogel war mir nicht zugeflogen, der da mit aufgekrempelten Hosen auf der Säule saß, der Kaiserliche Adler. Er schaue ein wenig unbehaglich drein, wagte ich zu bemerken, als ob er in der Mauser sei, aber das mißfiel der Dame. Eine wundervolle Arbeit übrigens, diese erzene Brunnenschale, darauf verstand ich mich nun wirklich, es summte von einem Jahrtausend, wenn ich vergänglicher Mensch mit dem Finger dagegen klopfte, und was für eine Haut, die narbige kühle Haut der Zeit.

Nachher wurde ich unmerklich um etliche Ekken geleitet, und da lagerte die Kaiserpfalz in voller Breite, den Berg hinter sich und das Menschengewimmel zu Füßen, zwei grasgrüne Reiter davor und zwei ungemein bissige Löwen, die mich wieder auf die Sprünge brachten. Löwen haben immer etwas mit Heinrichen zu tun, mich selber ausgenommen, ich wüßte ja nicht einmal zu sagen, der wievielte ich bin. Die Pfalz war mir hinsichtlich der Echtheit ein wenig verdächtig, wegen der hohen Spiegelscheiben, aber sonst vermochte sie wohl zu begründen, warum die Kaiser damals der Dinge nicht Herr werden konnten, weil sie nämlich so entsetzlich frieren mußten, wenn ihnen der Harzwind im Saal um die gekrönten Ohren pfiff. Etwas abseits stand dann noch ein seltsames Gebilde, ein doppeltes Tor ohne etwas dahinter, das war es wohl, was die Räte vor 150 Jahren an eine verwitwete Klempnermeisterin verhandelten. Jetzt wußte ich auch wieder, was Heinrich Heine von den abgebildeten Kaisern gesagt hat, mit seiner unnachahmlichen Respektlosigkeit, diese Kaiser, sagte er, sähen aus wie gebratene Universitätspedelle. Aber vielleicht meinte er ganz andere Kaiser, unten auf dem Marktplatz, mir geriet das alles durcheinander. Mit einem Wort, ich hatte Durst, und wenn es einmal soweit ist, dann kann ich mich immer auf meinen Instinkt verlassen. Ich führte meine Dame blindlings in ein Haus, das man das Brusttuch nennt, ich weiß nicht warum, es müßte einen recht kargen Busen bedeckt haben. Aber es gab da einen köstlichen Wein in grünbauchigen Flaschen, und nun war ich um die Jahreszahl nicht mehr verlegen.

Was weiter? Ach, es endete wie immer zu meinem Schaden. Wir liefen hinterher noch ein wenig durch die alten Gassen, und ich versuchte, meinen Zustand statt den von Goslar zu erklären. Sonderbare Sprüche lasen wir von den geschnitzten Balken: Ich bin jung gewesen und alt worden und habe noch nie gesehen einen Gerechten verlassen. Aber darin irrt der Psalmist, oder ich bin kein Gerechter. Plötzlich, in einem stillen Winkel, kramte meine Dame in ihrer Handtasche, sie holte einen Schlüssel heraus und schloß eine Haustüre auf und verschwand dahinter – verschwand. Ich stand noch lange da und dachte wieder an Heine, der einmal Blumen in Goslar aus einem Fenster stahl und nachher ein Mädchen in einem Hausflur küßte, frech und glücklich wie er war. Weiß Gott, ich bin noch oft in Goslar gewesen, ich liebe diese Stadt, nur meine Liebe fand ich nicht wieder – wie denn auch?

Begegnung mit dem Genius

Als ich Josef Weinheber zum erstenmal sah, in einem Wiener Atelier, kannte ich ihn kaum dem Namen nach. Ich fand die Gesellschaft, zu spät kommend, in einer angeregten Unterhaltung – oder besser gesagt, die Freunde saßen und standen um einen schweren, vierschrötigen Mann, offenbar alle in der angespannten Erwartung, selber zu Wort zu kommen, sobald der Fremde endlich wieder aus dem Glase trinken wollte, das er während seiner nachlässigen Rede zwischen den Fingern drehte. Er sprach über den Rang, den die Lyrik nach seiner Meinung unter den übrigen Künsten einzunehmen hätte, und weil mich niemand begrüßen konnte, hörte ich notgedrungen auch eine Weile zu, mit wachsendem Widerwillen. Gewichtige Leute sind mir von Natur aus unbehaglich, und zudem war ich damals noch harmlos genug, alles geringzuschätzen, was ich selbst nicht konnte, also auch das Versemachen. Und weil Unbeholfenheit nicht selten in Unverschämtheit umschlägt, unterbrach ich den Redner plötzlich mit einem scherzhaft gemeinten Wort. Weinheber antwortete nicht. Er schwieg, aber er sah mich aufmerksam an, und dann sagte er, gar nicht unfreundlich: »Bemerkenswert! Gebt dem Menschen etwas zu trinken!«

Später trafen wir einander noch oft. Wenn ich diese Wendung überlese, so muß ich wehmütig-erheitert daran denken, daß Weinheber wahrscheinlich sofort und mit leidenschaftlichem Eifer versucht hätte, mir ihren ungewollten Doppelsinn zu erklären. Aus rätselhaften Gründen hatte er häufig das Bedürfnis, Probleme des Ausdrucks mit mir zu erörtern, und so wenig er sonst Widerspruch ertragen konnte, in solchen Gesprächen bewies er eine unerschöpfliche Geduld. Ich liebte und haßte ihn denn auch, wie man eben einen väterlichen Lehrer liebt und haßt. Weinheber selber empfand unser Verhältnis freilich ganz anders, als eine Sache der Laune und des Zufalls. Manchmal zog er mich freundschaftlich ins Vertrauen, und es war wirkliche Freundschaft, denn dieser Mann war ohne Falsch wie kein anderer. Ein anderesmal übersah er mich völlig, und ich bin nicht ganz sicher, ob er überhaupt jemals dahinterkam, daß ich auch zur Zunft gehörte. Was ich, abgesehen von seinem Können, am meisten an ihm bewunderte, war seine souveräne Art, überall, ohne das kleinste Zugeständnis, mit einer entwaffnenden Selbstverständlichkeit er selber zu sein. Gewöhnlich fügte sich seine Umgebung diesem Anspruch, aber auch wenn er sich unpassend benahm – *er* merkte es jedenfalls nicht.

Deshalb, und weil er wirklich Mut besaß, war er ein heimlicher Schrecken für gewisse Machthaber, die seine Größe gern als Dekoration benutzten. Man konnte seiner nie sicher sein, und ich habe oft genug das Gras der Bestürzung in lautloser Stille wachsen gehört, nachdem der Dichter etwas unüberhörbar Deutliches hatte vernehmen lassen. Wahrhaftig, ich möchte den unter seinen Feinden kennen, der in gleicher Lage dasselbe gewagt hätte!

Ruhm und Macht sind furchtbare Charaktergifte. Das Gift des Ruhmes berauschte Weinheber, er genoß es, mitunter so maßlos wie den Wein, aber es verdarb ihn nicht. Das Mißverhältnis zwischen seinen menschlichen Schwächen und seiner hohen Berufung empfand er selber mit schmerzlicher Einsicht. Einmal sagte er mir in der Trunkenheit – und ich höre noch den traurigen Klang seiner Stimme in meinem Ohr: »Ich bin ein unwürdiges Haus für den Gott!«

Ich glaube nicht, was viele behaupten: daß sein Werk im Rausch entstanden sei. Es ist zuviel Sorgfalt daran merkbar, zuviel Zucht und Maß. Aber gleichwohl wirkte das Göttliche immer in ihm. Es konnte geschehen, daß er in einer Zechgesellschaft plötzlich aus stumpfem Brüten auffuhr und zu sprechen begann, Worte aus dem Stegreif, von einer lodernden Leuchtkraft, hinreißend.

Weinheber war keineswegs hochmütig, eigentlich nicht einmal selbstbewußt, nur in einer kindlichen, mitunter schwer zu ertragenden Art eitel. Er wollte nicht allein sein Werk gepriesen hören, sondern auch sich selbst, und das im Grunde aus Angst vor sich selbst. Im Kreis der Freunde tat er sich viel darauf zugute, witzig zu sein, und er war es auch wirklich, aber es kränkte ihn sehr, daß seine Einfälle nicht dauerhafter sein sollten, als es ein Witzwort gemeinhin ist. Bei einem solchen Anlaß rief er mich einmal über den Tisch weg ernsthaft an: »Hörst, für dich wüßt ich ein Geschäft! Du könntest meine Aussprüch' aufschreiben!« Dieses einzigemal erbarmte sich ein guter Geist meiner Hilflosigkeit und ließ mich schlagfertig antworten: »Gut, Josef – dann fange ich gleich mit diesem an!« Aber Weinheber war nicht im geringsten verblüfft, sondern durchaus zufrieden mit meiner Willfährigkeit.

Vielleicht wird man es übel aufnehmen, wenn ich das Andenken Weinhebers nicht besser zu würdigen weiß, als mit der Erzählung anekdotischer Kleinigkeiten. Aber mir ist seine liebenswerte Erscheinung noch so lebendig und zugleich die Unvergänglichkeit seines dichterischen Werkes so gewiß, daß ich meine, auch einige nebensächliche Züge seines Wesens aufzeichnen zu dürfen, ehe sein Bild, nach dem Brauch der Nation, zur Statue erstarrt.

Kleine Münze
Aus Briefen und Gesprächen

Man soll nicht weiter wirken, als das Herz reicht.

Es könnte sein, daß das Böse in der Welt nichts Wirkliches wäre, sondern nur etwas weniger Gutes, genau so, wie Kälte nichts Wirkliches ist, sondern nur ein geringerer Grad von Wärme.

Gott hört dich immer. Aber du willst ihn nur hören, wenn er »ja« sagt.

Das Gute wird erst gut durch Güte.

Was wissen wir vom Ganzen! Vielleicht müßte Gott die Gestirne anders laufen lassen, um dir einen törichten Wunsch erfüllen zu können.

Liebe immer, wenn nicht jemand, so doch etwas.

Mir scheint der hauptsächliche Unterschied zwischen den Leuten manchmal darin zu bestehen, daß die Törichten immer dieselben Dummheiten machen, die Gescheiten immer wieder neue.

Man irrt so hartnäckig, weil man nie gänzlich irrt.

Mancher würde sich ja gerne zum Besseren bekehren, wenn nicht der Nachbar seinen Vorteil davon hätte.

Seltsam, wir haben alle die gleichen Geheimnisse, und dennoch wissen wir nichts voneinander.

Das Beste, was wir haben, ist das, was wir gehabt haben.

Wenn sich die Gerechten dieser Welt über Nacht in Spitzbuben verwandelten, wäre wahrscheinlich nicht viel davon zu merken. Aber es gäbe ein unvorstellbares Durcheinander, wenn alle Gauner plötzlich rechtschaffene Leute würden.

Kein Unheil, das vom Menschen kommt, ist so groß, daß deswegen der Weizen nicht mehr grünte.

Immer die Wahrheit sagen zu wollen, ist eine unverschämte Anmaßung.

Nichts wissen ist besser als wenig wissen.

Wenn der Topf leer ist, tönt er.

Argumente fruchten oft wenig, weil nicht zu beweisen ist, daß etwas wahr sei, sondern daß jemand irre.

Wenn man die eitlen Tröpfe unter den Bekannten zählt, verzählt man sich immer um einen.

Gewisse Leute fände man viel freundlicher, wenn sie es etwas weniger wären.

Für einen Lyriker: Du sollst keine falschen Perlen vor echte Säue werfen!

Das ist freilich auch wahr: ein vollkommen guter Mensch wäre für nichts zu gebrauchen.

Als Anbeter ist uns niemand zu dumm.

Laß den Menschen wie er ist. Wenn du ihm seine Fehler abgewöhnt hast, merkst du gewöhnlich, daß sie das Beste an ihm waren.

Wie einfach ließe sich das Leben an, wenn nur die Schlechten schlecht wären!

Gott läßt manchmal auch einen Sünder Wunder wirken.

Leute, die nichts, und solche, die alles verstehen, sind gleich langweilig – unbrauchbar wie Töpfe, die schon voll sind oder die keinen Boden haben.

Es ist eine feine und nie versagende Bosheit, das Werk statt den Meister zu loben.

Zufriedenheit ist ein so augenscheinliches Privileg der Dummheit, daß man schon deshalb nicht zufrieden sein könnte, selbst wenn man es wäre.

Man muß sehr viel können, um zu merken, wie wenig man kann.

Wirkung der Kunst: Die Sonne scheint nicht, *damit* die Blumen blühen. Aber die Blumen blühen, *weil* die Sonne scheint.

IV

Daran glaube ich

Vor allem glaube ich, daß es keinem Menschen nutzen wird zu wissen, was ich glaube. Obendrein weiß ich es auch kaum mit einiger Genauigkeit zu sagen, weil ich in jedem Augenblick meines Lebens bereit bin, irgendeine Erkenntnis gegen eine andere, und wie mir scheint bessere, einzutauschen. Also gründet sich die Summe meiner Einsichten auf eine Summe von Erfahrungen. Aber das ist ein schwankender Grund, denn Erfahrungen wären meist nur dann von Wert, wenn man sie hätte, ehe man sie machen muß. Nur etliche von den Grundsätzen meines Denkens und meiner Lebensführung haben bisher allen Anfechtungen standgehalten. Sie sind mir freilich deshalb nicht weniger verdächtig. Man muß zweifeln, damit man nicht verzweifelt.

Ich glaube, daß der Mensch keineswegs die Mitte der Dinge innehat. Eine spontan entstandene kritische Intelligenz würde wahrscheinlich zu dem Ergebnis kommen, daß alles Leben samt seiner höchsten Blüte, der menschlichen Kultur, nicht viel mehr sei als eine Hautkrankheit der Erde. Trotzdem ist der Mensch natürlich nicht nur eine Scherbe, in der sich das Universum spiegelt. An das Animalische seines Daseins gebunden, ist er zugleich ein geistiges Wesen, sozusagen eine punktuelle Erscheinung jener schöpferischen Kraft, die das Ganze der Natur durchflutet. Er muß leben wie ein Tier und handeln wie Gott.

Ich glaube, daß das Leben köstlich ist, jede Art zu leben. Darum will ich das endlose Literatengeschwätz von der Angst nicht mehr hören. Für mein Ohr hat dieses Gewinsel eine fatale Ähnlichkeit mit den Tränengüssen der sentimentalen Epoche vor 150 Jahren. (Beiläufig gesagt, ich wüßte gern, wie die Mädchen damals es fertig brachten, ins Wochenbett zu kommen, wenn sie doch schon bei jedem Kuß ohnmächtig vom Sessel fielen, und ebensogern wüßte ich, warum heutzutage alle, die Gottes Zorn auf unsere Zeit herabrufen, nicht selber in der Wüste sitzen, sondern in den Nachtlokalen an der Riviera.) Für mein Teil gesprochen, habe ich schon etliche Male die unterste Grenze meiner Existenz berührt, aber ich würde nicht zu behaupten wagen, ich sei niemals glücklicher gewesen, als ich es zu sein verdiente. Unser Schicksal hängt an der Schnur eines Pendels, das ist ganz einfach. Wenn es abwärts geht, muß man nicht gleich fürchten, der Faden sei gerissen.

Ich glaube, daß es nichts Böses gibt in der Welt. Das ist eine ketzerische Meinung, ich weiß es wohl, aber Gott wird mir verzeihen, wenn ich ihm nur ungern etwas Schlimmes zutraue. Für mich ist das Böse nur etwas weniger Gutes, so wie Finsternis und Kälte nur geringere Grade von Licht und Wärme sind. (Den absoluten Nullpunkt zu erreichen, überlasse ich getrost den Physikern, sie werden ihr Wunder erleben.) Es gilt also, das Gute zu steigern, zu vermehren. Deswegen braucht man nicht den penetranten Geruch der Heiligkeit anzunehmen, im Gegenteil, man kann auf die abenteuerlichste Art Gutes verüben, aus Laune, mit der Phantasie und der Skrupellosigkeit eines Gangsters.

Ich glaube, daß mein Leben unwichtig ist. Die meisten Leute haben es schwer, weil sie sich für unersetzbar halten. Die Welt stürzte nicht ein, ehe sie vorhanden waren, warum sollte sie es hinterher tun? Ich weiß, was Cäsar wirklich sagte, als er unter den Dolchen der Verräter zusammenbrach. »Brutus!« sagte er, »was fällt dir ein? Ich bin unentbehrlich!« – War er es? Mir sitzen heute noch zu viele Cäsaren an Verhandlungstischen und bei Banketten, schlecht gelaunt, weil sie nicht einmal ihren eigenen Kram zu Hause in Ordnung halten können und dennoch vorhaben, die Welt zu verbessern. Sie gebärden sich wie Halbgötter, aber wenn ich genauer hinhorche, beschäftigen sie die gleichen simplen Schwierigkeiten, die auch ich täglich im engsten Umkreis mit ein bißchen Hausverstand und einem Rest von Charakter zu entscheiden habe.

Ich glaube, daß man mit Gottes Hilfe eine Formel, eine letzte Gleichung finden könnte, die alle Rätsel löst, aber sie wird mir nicht vor dem Sterben einfallen. Inzwischen begnüge ich mich damit, mir etwas Unerfüllbares zuzumuten, nämlich so zu leben, daß nichts Lebendes darunter leidet.

Ungereimtheiten

Es gibt redliche und unredliche Politiker. Die unredlichen täuschen das Volk über ihre wahren Absichten. Die redlichen täuschen sich selbst.

Frage an die Staatspolizei: Kann man den Elefanten unschädlich machen, indem man die Porzellanläden schließt?

Frage an die Unversöhnlichen: Wenn ein Mann mit der Hand in Dreck gegriffen hat, soll er dann diese Hand auf den Hackstock legen und die Finger nacheinander mit dem Beil herunterschlagen, oder soll er sie ins Gras wischen und wieder gebrauchen?

Wenn aber jemand das Unglück hat, Politiker sein zu müssen, dann sollte er sich wenigstens dreierlei zur Pflicht machen: einmal des Tags durch ein Mikroskop zu schauen, einmal nachts durch ein Fernrohr den gestirnten Himmel zu betrachten und jeden Morgen jene Seite der Schrift zu lesen, auf der geschrieben steht: Richtet nicht, auf daß ihr nicht gerichtet werdet!

V
Anhang

Gegenüberliegende Seite:
Ausschnitt aus Manuskript, in Originalgröße

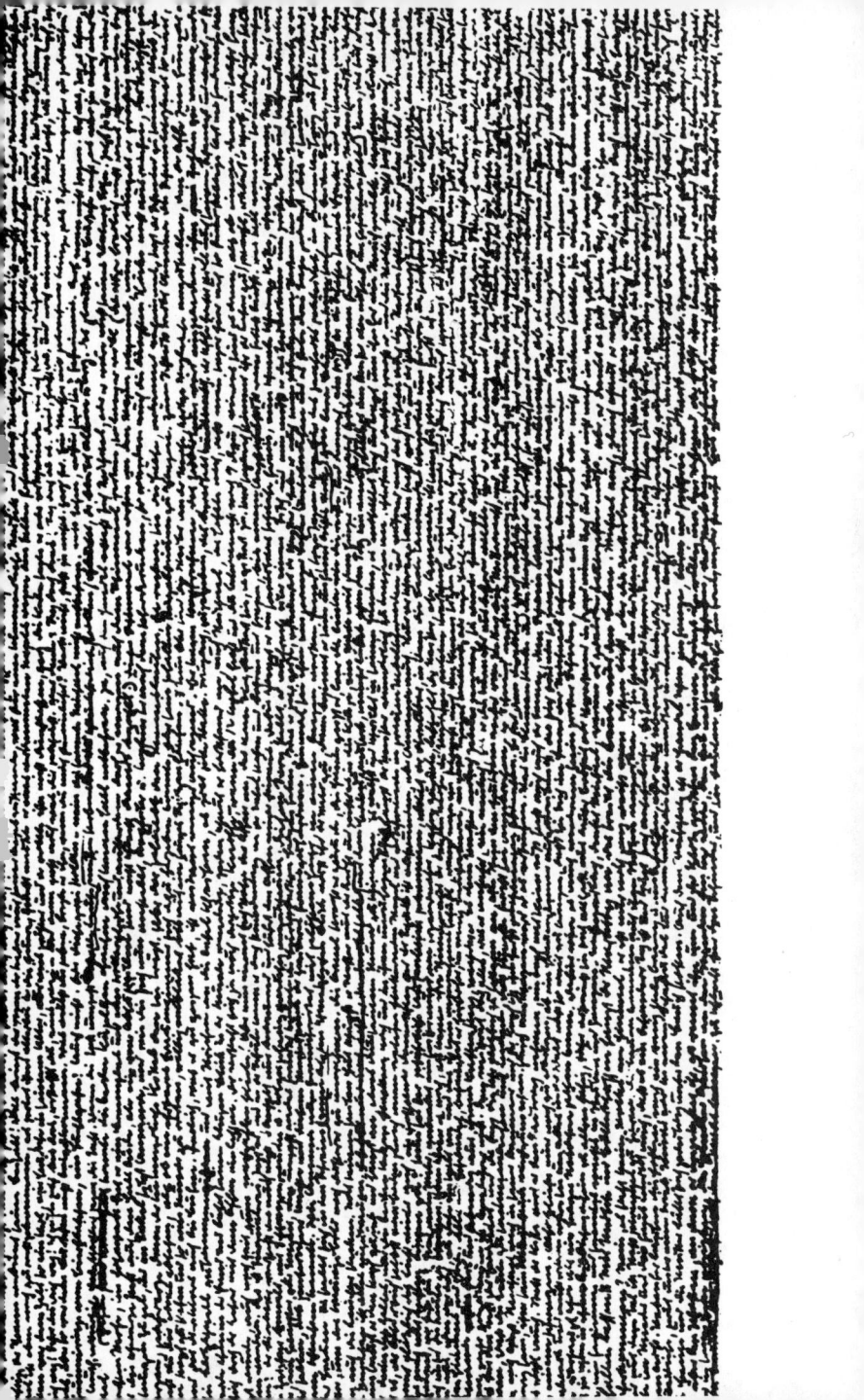

Begegnung mit Karl Heinrich Waggerl

Als ich Karl Heinrich Waggerl zum erstenmal begegnete, es war in jenen fiebrigerregten Tagen vor Beginn des Zweiten Weltkrieges, stand er, in der Wirrnis und der Verlorenheit der Zeit, gelassen, versonnen lächelnd, wie uns damals schien, unberührt von den wilden Winden, weltfern, als bliese er für sich allein auf einer Hirtenflöte ein schönes Loblied Gottes, und seine Melodie klang nicht wehmütig, einsam dunkel, sondern freundlich, fröhlich-tänzerisch, als müßte sie uns trösten und aufrichten. Und wenn ich ihm später begegnete oder heute mit ihm beisammen bin, so ist es wieder diese scheinbar unzeitgemäße Haltung, diese Nonchalance mit einem versteckten spitzbübisch-knabenhaften Zug, die uns verführen könnte, in Waggerl einen Bruder des lieben Augustin zu rühmen.

Nicht, daß ihn die Probleme und die Nöte der Zeit nicht zuinnerst bewegten – ich erinnere mich an ein langes Gespräch in einer Wagrainer Gaststube über den Kommunismus und über die modernen Aussageformen in der bildenden Kunst und in der Lyrik –, aber sie reißen ihn nicht aus seinem Wesen heraus, er wird nie zu einem Ankläger, zu einem Revolutionär, wie fern liegt ihm jeder Lärm; er bleibt immer er selbst, auch in den schlimmsten

Stürmen, nämlich der gläubige, stille Mensch, dem der einzelne Grashalm Wunder genug ist und der im Käfer den ganzen Kosmos erschaut. Denn Waggerl ist von anderer Art. Wenn auch das Schwebende, Leichte des lieben Augustin ein Ton seiner Welt ist, und wenn auch die gute Nachbarschaft zu Claudius und sogar zu Hans Christian Andersen nicht zu überhören ist, die Erde hat ihn doch zu fest in ihren Händen, nicht der Boden, es ist die Erde mit ihren Gräsern, Steinen, Wassern, dem Getier und den einfachen Menschenbrüdern, die sein Wesen und seine Aussage bestimmen. Das heißt nicht, daß Waggerl, wie er selber sagt, nach Erde riecht und ein Bauer ist, aber das salzburgische Bauernland, aus dem er gekommen ist und in dem er mit einer rührend kindhaften Anhänglichkeit wurzelt, ist doch die Melodie seiner Bücher; eine unverwechselbare, eigentümlich-geheimnisvolle Melodie, in der einmal die Stadt Salzburg erklingt, denn Salzburg, das ist frohes Barock, ist Mozart, ist ein Hauch von Italien, Weltweite, Eleganz und verfeinerte Kultur des Lebensgenusses, und im Atem dieser Stadt, die für Waggerl die Stadt des Herzens und der Liebe ist, liegt Wagrain, das abseitige Bergdorf, umrauscht von den Bächen, mit den kleinen, bescheidenen niedern Bauernhäusern, in einem waldigen Tal, in das die Berge hereinschauen und das von ferne an unser Toggenburg erinnert. Dieser Zweiklang aber, einfaches, schlichtes Bauernland und die verlockende Atmosphäre der weltfrohen geistigen Stadt, ist die Stimme des Menschen und Dichters Waggerl.

Sein Haus in Wagrain ist symbolhaft für diesen Zweiklang, es steht bäurisch-solid in einem bunten Bauernblumengarten. In den Räumen aber mit den Salzburger Biedermeiermöbeln, den Münz- und Steinsammlungen, den Kostbarkeiten kleiner Antiken und den altmeisterlich gebundenen Büchern weht die Luft einer gediegen-feinen Kultur. Man fühlt sich wohlgeborgen darin, zu Hause, ein Duft von Holz, Farben, Nüssen ist Heimat wie die Ofenwärme. Das gute Lachen des Dichters, der kleine Bericht, den er vor sich hinspricht mit seiner dunklen Stimme, lassen uns vergessen, daß er draußen in der Welt ein berühmter Mann geworden ist. Das ist kein Literat, kein selbstgefälliger Intellektueller, der uns etwas vormacht; spricht er denn von Büchern, von der Literatur? Am liebsten äußert er sich doch über Handwerkliches, in den Büchern, am Schraubstock. Einmal schritten wir durch die Hauptstraße von Rorschach und beschauten uns die Auslagen. Überall genügte ein kurzer Blick, aber von dem Fenster eines Eisenwarenhändlers war Waggerl kaum mehr wegzubringen. Da sprach er von kleinen Motoren, die ausgestellt waren, er erklärte mir lang und breit seinen Motor zu Hause und wog die Vor- und Nachteile ab, und am liebsten hätte er mit mir jetzt, wenn ich etwas davon verstanden hätte, nur über die kleinen Motoren gesprochen. Nein, er ist kein Büchermann; seine Erscheinung, groß und schlank, fast hager mit dem üppigen Haar, das er immer wieder mit einer jungenhaften Bewegung aus der Stirne streift, entspricht daher wohl kaum der üblichen Vorstellung eines erfolgreichen Schriftstellers; Waggerl ist der einfache, weise Mann, der für die einfachen Leute erzählt, damit ihn jeder versteht, der kleine David und der Bauer Simon.

Ach, wenn man ihn hört, so könnte man sich gut vorstellen, daß bei der Niederschrift seiner Bücher heimlich Gott oder zumindest ein guter Geist hinter ihm gestanden und lächelnd-segnend auf die kleine, barocke Schrift hinuntergeblickt habe, aus der so viel Schönes und für die Welt Notwendiges gewachsen ist; denn sie hat genug Trauriges, als daß sie seines Trostes entbehren könnte.

Was ist es nun, daß dieser seltene Mann, der Schweres durchmachte, eine entbehrungsreiche Jugend, Krieg, Gefangenschaft, Krankheit und Hunger, nicht in Haß gegen die Gesellschaft ausbricht oder sich verbittert in eine düstere, neurotische Einsamkeit verliert, sondern tröstlich und auch mit jenem humorvollen Wort – ach, diese armen Reichen und diese reichen Armen – zwinkernd dieses fröhliche Bekenntnis zur Armut gibt? In Erzählungen voller Musikalität, die ein wirkliches, aber heiter-verklärtes Menschentum widerspiegeln? Ist es die beschwingte Atmosphäre von Salzburg, die auch das Böse vielleicht anmutig und sogar liebenswert macht? Ist es das Erbe seines frohgelaunten Vaters?

Waggerl hat den Mut zur Unabhängigkeit; im Werk, in dem er sich früh von seinem Vorbild und Meister Hamsun löste; im Menschlichen, wo er sich gibt wie er ist, voll guter Lebensart, mit dem bürgerlich-unbegreiflichen Lob des Müßigganges, mit der Freude am Geld, wenn es da ist, mit dem achselzuckend-lächelnden Bedauern, wenn es fehlt, ohne sich deswegen zum Schreiben oder zum Erwerb zu zwingen. Er hat ein mutiges Vertrauen zum Guten in der Welt, weil er wie selten einer, so seltsam das klingt, um das Leid aller Kreatur weiß. Der genaue Leser spürt dieses Wissen, das Waggerls Worten ja erst die tröstliche Kraft gibt. Er ist wirklich so wie er schreibt, er ist der Mensch voll Güte und Verständnis, der wie der Vagant Christian tröstend und heilend die Verstrickungen schwerblütiger, bedrängter und einsamer Menschen löst, nicht indem er davon spricht, sondern nur durch sein menschliches Dasein.

Auch über dem Lebenshaus von Waggerl könnte das Wort von Van Gogh stehen, daß wir auf unsere Art in den Kampf der Zeit eintreten, nicht um zu siegen oder besiegt zu werden, denn für dies sind wir nicht auf der Erde, sondern um

Licht und Helligkeit zu schaffen, zu trösten und einer tröstlichen Kunst die Wege zu öffnen.

1956 *Dino Larese*

Quellennachweis

Das Gespräch ›Über mein Dorf‹ stammt aus einer Radiosendung im Studio Zürich, 1955. Das Zitat ›Das erfüllte Leben‹ wurde der ›Fröhlichen Armut‹ und der Abschnitt ›Meine Eltern‹ dem ›Wagrainer Tagebuch‹ und dem ›Wagrainer Geschichtenbuch‹ entnommen, während ›Blick in die Werkstatt‹ 1949 als Sonderdruck der Vereinigung Oltener Bücherfreunde erschienen war. Der Beitrag ›Der Berg‹ ist die Einleitung zu einem im Kindler-Verlag, München, unter dem gleichen Titel erschienenen Bildband. Alles übrige hat uns der Dichter im Manuskript zur Verfügung gestellt.

Die Vignetten wurden frei nach Scherenschnittmotiven des Dichters von Hans Bächer in Linol geschnitten. Dankbar weisen wir auf den Insel-Verlag in Wiesbaden und den Verlag Otto Müller in Salzburg hin, welche das Gesamtwerk des Dichters betreuen und den Abdruck der erwähnten Abschnitte gestattet haben.

Der Herausgeber

Italienische Autorinnen im Arche Verlag
Eine Auswahl
(Wenn nicht anders angegeben,
ist Maja Pflug die Übersetzerin.)

Grazia Deledda
La Madre. Roman. 192 S. Geb.
Dt. von Hans-Norbert Hubrich
Mit einem Nachwort von Uta Ranke-Heinemann
Der tragische Konflikt eines sardischen Priesters.

Rosetta Loy
Straßen aus Staub. Roman. 344 S. Geb.
Drei Generationen einer bäuerlichen Familie
aus dem Piemont.
Winterträume. Roman. 272 S. Geb.
Zwei Frauen im Italien dieses Jahrhunderts.

Maria Messina
Das Haus in der Gasse. Roman. 156 S. Geb.
Dt. von Ute Lipka
Wieder entdeckt: die »sizilianische
Katherine Mansfield«.
Jede Einsamkeit ist anders. Roman. 144 S. Geb.
Leben und Lieben zweier ungleicher Schwestern.

Fabrizia Ramondino
Althénopis. Kosmos einer Kindheit
368 S. Geb.
Märchenhafte Szenen eines
mediterranen Welttheaters.

»Auch Botticelli war eine gute Partie«
Italienerinnen erzählen. 224 S. Geb.
Hg. und mit einem Nachwort von Manfred Hardt